改 变 世 界 中国杰出企业家管理思想研究丛书

为世界留下东方企业家的商业智慧与管理思想

苏 勇◎主编

刘永好
领先半步

刘 祯 徐梅鑫 王家宝◎著

新世界出版社
NEW WORLD PRESS

图书在版编目（CIP）数据

刘永好：领先半步 / 刘祯，徐梅鑫，王家宝著. —北京：新世界出版社，2016.7（2016.9 重印）
（改变世界：中国杰出企业家管理思想研究丛书 / 苏勇主编）
ISBN 978-7-5104-5864-4

Ⅰ. ①刘… Ⅱ. ①刘… ②徐… ③王… Ⅲ. ①刘永好—生平事迹②私营企业—企业管理—经验—中国 Ⅳ. ①K825.38②F279.245

中国版本图书馆 CIP 数据核字（2016）第 150913 号

刘永好：领先半步

作　　者：刘　祯　徐梅鑫　王家宝
责任编辑：贾瑞娜
责任校对：宣　慧
责任印制：李一鸣　黄厚清
出版发行：新世界出版社
社　　址：北京西城区百万庄大街24 号（100037）
发行部：(010) 6899 5968　(010) 6899 8705（传真）
总编室：(010) 6899 5424　(010) 6832 6679（传真）
http://www.nwp.cn
http://www.nwp.com.cn
版权部：+8610 6899 6306
版权部电子信箱：nwpcd@sina.com
策　　划：杭州蓝狮子文化创意股份有限公司
印　　刷：三河市骏杰印刷有限公司
经　　销：新华书店
开　　本：710mm × 1000mm　1/16
字　　数：150 千字　　　印张：12.75
版　　次：2016 年7 月第 1 版　2016 年 9 月第 2 次印刷
书　　号：ISBN 978-7-5104-5864-4
定　　价：42.00 元

改变世界：
中国杰出企业家管理思想研究丛书

编委会

丛书总序

在中国现代化进程中，企业家是处于改革开放最前列的一个重要群体。他们率先感受到市场经济大潮和全球化竞争的严峻，以自己的智慧和胆识，带领日益强大的中国企业，在世界舞台上一展身手，用自己的思想和行动改变着这个社会，改变着这个世界。

1911 年，管理学发展史上的里程碑著作《科学管理原理》出版发行，标志着管理学作为一门学科的诞生，它使得管理从一种简单的实务行为上升为一门科学理论。在此后约 100 年中，管理学领域几乎是西方世界一统天下。这虽然有其一定的历史合理性，但也存在诸多缺陷。因为，管理除了有其科学属性，还具有文化属性。管理思想和行为不仅是一种科学，同时也是一种文化。

管理的文化属性主要体现在两方面。

首先，管理是一种文化的积累，任何一个国家或组织的管理理论和管理方式，都非凭空产生，都有一个文化延续和发展的过程。当今的任何一种管理思想都是先前文化成果的积淀。

其次，现实组织中采用的任何管理方法或手段，无不受到该组织所赖以存在的社会文化环境影响，因而会留下深刻的社会文化烙印。任何组织都是社会的一个细胞，组织的生存、发展，不能脱离社会大环境，任何再好的管理思想和方法，只有在适合它的社会和文化环境中，才能发挥有效作用，这也充分体现出管理活动和思想有其文化依存性。就这一点而言，任何管理活动都不能忽视文化的作用，不能忽视管理者及组织的文化差异性。

既然我们承认管理是一种文化，管理活动有其客观的文化依存性，管理的有效性要充分考虑管理者和被管理者及所在组织的社会文化情境，那么，我们就既要承认西方管理学思想有其重要的科学性和规范性，在企业发展过程中起着非常重要的作用，呈现出其独特魅力；同时也要认识到，东方社会和组织，虽然表现形式不同，但也应当在实践中总结、概括和提炼出自己独特的管理思想。我们应当看到，长期以来，在东方社会的企业管理中也一定存在着一系列发挥着卓有成效作用的、独特的管理思想。

本丛书的撰写出版正是基于这样一个目的。

2014 年秋，由复旦管理学奖励基金会联合上海第一财经传媒有限公司、复旦大学东方管理研究院，隆重启动了“改变世界：中国杰出企业家管理思想访谈录”项目。项目计划用 5 年时间，访谈 50 位最优秀的中国杰出企业家。这些企业家，在中国三十多年改革开放大潮中，投身于市场经济的汪洋大海，奋力拼搏，砥砺前行，用自己的智慧、毅力和辛劳，为中国经济和社会发展做出了巨大贡献，同时也产生了丰富的管理思想。

在本项目的实施过程中，我们希望认真了解每一位杰出企业家精彩的管理实践，深入剖析其深邃的管理思想，系统总结其独树一帜的管理理论。我们计划为每位企业家拍摄一部电视专题片，撰写一本研究该企业家管理思想的专著。为此，我们组建了由全国多所大学管理学教授、博士领衔的多支一对一研究团队。研究团队在访谈之前认真研读相关资料，撰写出企业大事记和对企业家详细的访谈提纲。对每位企业家的电视访谈历时两小时以上，积累了大量宝贵素材。“改变世界：中国杰出企业家管理思想访谈录”电视系列专题片（第一季 7 集）已经于 2015 年底在第一财经电视频道连续播出多次，获得良好的社会反响。

而今呈现在读者面前的这套丛书，就是本项目在电视专题片之外的另一项研究成果。我们的管理学专家团队，深入企业调研访谈，认真研读各项素材，并广泛涉猎关于该企业家的各种资料，在此基础上与团队合作，反复研究、提炼和聚焦该企业家最核心、同时又最具东方特色的管理思想和智慧，数易其稿，陆续出版每一位企业家个人管理思想的研究专著，提供给读者一份基于丰富实践和成功经验的具有东方特色管理思想的盛宴，为世界管理学贡献中国智慧。

管理学的发展需要多视角的研究。诚如生物需要有多样性一样，只有打破西方管理学理论一统天下的局面，管理学才能获得健康成长。而经历三十多年改革开放历程的中国企业，也迫切需要在契合中国企业实际的管理学理论引领下，以更加科学和实事求是的态度，认真思考和探讨东西方管理思想的融合，并有效指导企业的管理实践。

中国企业正以其日新月异的新姿态，昂首阔步走向世界经济舞台，愿我们的工作，为中国企业助力，为中国管理学发展助力！

苏　勇

教授 博士 丛书主编

复旦大学东方管理研究院院长

复旦大学管理学院企业管理系主任

2016 年春　于复旦大学

前　言
Preface

管理是一种器官，是赋予机构以生命的、能动的、动态的器官。

——彼得·德鲁克

管理学大师彼得·德鲁克最早是一名政治经济学和社会学学者，差不多在八十年前，他意识到驱动美国社会经济发展的会是一个基本单元——企业。如果可以把这个要素解释得更清楚，无疑是一种社会贡献。于是他开始深入通用汽车公司，开始了他的管理研究。如同德鲁克的先见，在福特汽车、通用汽车、通用电气等一系列卓越企业的驱动下，美国社会经济在 20 世纪呈现出巨大的发展。德鲁克把这个大发展归结于两点：一是效率，一是创新。所以，德鲁克的代表著作如《卓有成效的管理者》和《创新与企业家精神》也多是围绕上述两点展开的。

这与经济学家的结论一致，从亚当·斯密在《国富论》中论述的分工带来的效率，到埃德蒙·费尔普斯在《大繁荣》中论述的创新带来的繁荣，我们会发现，真正打通经济学与管理学的是富有成效的企业家实践。因此，在效率、创新，以及这些领先企业的背后，离不开一粒种子——企业家。例如，亨利·福特、阿尔弗雷德·斯隆，以及杰克·韦尔奇。企业家以及在企业家成长过程中孕育出的管理智慧，不断推动着企业和社会经济的发展。

所以，我们对中国的企业感兴趣，更对中国的企业家感兴趣。民以食为天，我们的研究，就从引领中国农业发展的刘永好开始。

走近刘永好和新希望

1984 年 1 月，邓小平第一次南巡，并为深圳题词："深圳的发展和经验证明，我们建立经济特区的政策是正确的"，为深圳在 20 世纪 80 年代的崛起注入一剂强心剂。其后，中央批准《沿海部分城市座谈会会议纪要》，决定进一步开放 14 个沿海城市。1 月 24 日那天，一个卖玉米的年轻人骑着自行车路过深圳国贸大厦，看到很多警察和聚集的群众。那时邓小平同志正在国贸大厦顶层俯瞰特区全貌。这个年轻人感到做大事的时候到了。四个月后，"深圳现代科教仪器展销中心"成立，这正是万科的前身，而那个年轻人，就是王石。

同年，中科院十一名计算机科技人员认识到计算机将改变人们的生活，很想将理论应用于实践，于是他们带着二十万元人民币开始创业，这就是联想，而带头人就是柳传志。仍然是在 1984 年，一家濒临破产的冰箱厂迎来了一位新厂长，这个厂子就是三十多年前的海尔，而这位新厂长，正是张瑞敏。

同年创立的中国企业还有顺德科龙、广东健力宝等。中国最大的地产企业、中国最大的计算机企业、中国最大的家电企业，的确，对于中国企业，1984 年是值得纪念的一年。也因此，这一年，常被称为中国企业的元年。

但是，要走近刘永好和新希望，要从“公元前”说起。

有一家企业，没有出生在如雨后春笋般的中国企业元年，也没有出生在改革开放后最先热起来的沿海城市，创始人算不上尖端的科技人员，企业也没有国企背景。就是这样一家创立在“公元前”、看似没有什么特别的企业，成为今天中国最大的农业企业。

站在中国现代企业发展史的角度来看，本来就比较低调的刘永好和新希望似乎又多了一份神秘。

王石曾讲：“创业初期，我也曾经从事过饲料贸易。站在那个时间点上，怎么能想象刘永好‘做饲料’会做成今天这个样子？”为了解开谜团，几年前，王石甚至请人专门为刘永好撰写个人传记，命名为《藏锋》，意蕴笔锋隐而不露，可谓恰到好处。当然，藏锋，似乎又增加了一份神秘感。

1951年，刘永好出生于四川成都新津县城。母亲是小学老师，父亲在政府工作，但仕途并不顺利，官越做越小，甚至被打倒，工资减半。再加上兄弟众多，生活就更为艰苦。少年时期，勤快的刘永好每天早上五六点起床，去挑水、捡柴，青春期的刘永好甚至拼命干活好忘记饥饿。尽管如此，父母却没有忘记孩子们的精神生活，在买书上从不犹豫。一套《十万个为什么》，为兄弟们打开了热爱无线电的窗口。

兄弟几个也没有辜负父母对他们的希望，都考上了大学。1982年，兄弟们有了创业的想法，热爱工科又有工科背景的他们本想做电子产品，但办电子厂的想法却未得到公社允许。让大家都吃上肉也是改善人们的生活，并且农民在养殖上也比较自主，于是，1982年，兄弟们开办了养殖场，养良种鸡，厂房设备全部自行开发，可谓白手起家。1982年至1992年，十年间，从种鸡、鹌鹑蛋，再到饲料的主业，事业稳步发展，生意也越做越大。1992年，希望集团成立，刘永好的战略和交际能力突出，被兄弟们一致推举为法人代表，担任集团总裁。率先集团化、全国化发展，也让希望集团成为当时中国最大的民营企业。

希望集团的出色表现也越加得到国家认可，1994年，刘永好被推选为工商联副主席，这是首位民营企业家担此重任，这也预示着国家对民营企业的更多重视和期待。1995年，兄弟们打算按照兴趣各自发展，于是有了南方希望、东方希望、华西希望，以及今天的新希望。兄弟之间划清界限，向各自的领域发展，但彼此之间仍然相互扶持。家和万事兴，时至今天，二十多年后，兄弟几人在各自领域都取得了良好的发展。今天，希望体系已有两千亿元的销售额。而始终根植农业的刘永好和新希望，无疑是这个体系的重要灵魂。

当然，刘永好和新希望远没有描述的这么简单。作为研究者，我们更希望把人物本身和企业成长当成一种线索，来探索在新希望发展的背后，蕴含着刘永好哪些重要的管理思想。因为有这些思想的生根发芽，才让刘永好和新希望的故事变得饱满、有趣。

刘永好管理思想体系

在探究刘永好有什么样的管理思想时，我们想到了一则故事。

很久以前，有四个盲人很想知道大象长什么样，可他们看不见，只好用手摸。胖盲人先摸到了大象的牙齿。于是说："我知道了，大象就像一个又大又粗又光滑的大萝卜。"高个子盲人摸到的是大象的耳朵。"不对，不对，大象明明是一把大蒲扇嘛！"他大叫起来。"你们净瞎说，大象只是根大柱子，"原来矮个子盲人摸到了大象的腿。而那位年老的盲人呢，却念道："唉，大象哪有那么大，它只不过是一根草绳。"原来他摸到的是大象的尾巴。四个盲人争吵不休，都说自己摸到的才是大象真正的样子。

这是佛学经典《大般涅槃经》中讲述的"盲人摸象"的故事。今天我们也都清楚，尽管他们都说自己摸到的是大象的样子，而实际上大象真正的样子，他们谁也没有说对。真正大象的样子，是若干集合，是一个体系。

这也带给我们很好的启示。新希望是中国最大的农业企业，有三十多年的历史，并且可以持续在行业保持领先。这样一个企业的创立者，在企业管理的实践上，必定有较为全面的作为。而在这些作为的背后，又会蕴含着一个丰富的管理思想体系，这才是我们需要看到的样子。

为了寻找答案，我们尽可能地去触碰“大象的全貌”。我们对刘永好进行了访谈，我们也对刘永好身边的新希望高管等新希望人进行了访谈，以此来进一步认识刘永好。我们阅读了新希望集团为我们提供的诸多内部资料，包括刘永好的内部讲话、新希望的重要事记等。我们关注了眼前刘永好正在推动的事情，同时也分析了刘永好自传中讲述的很多过往的经历。通过对刘永好管理实践的系统观察和分析，我们看到了刘永好在企业任务、事业方向，以及管理实务三个方面的作为。方向为任务服务，实务为方向服务，三个方面形成一个连续的体系。这三个方面涉及刘永好在十项要素上的管理实践（如图 1 所示），从体现企业任务的目标，到反映事业方向的经营与产业，再到折射管理功底的人格、环境、组织、决策、竞争、能力、人才，而贯穿这些实践活动的是刘永好一系列重要的管理思想（如图 2 所示），即“常”的目标观、“正”的经营观、“专”的产业观、“实”的人格观、“势”的环境观、“和”的组织观、“度”的决策观、“新”的竞争观、“学”的能力观，以及“柔”的人才观。

目标之“常”，指要做一个有生命力的企业。企业会做大做强，但企业终极之需是做“常”，如同刘永好之名，永远美好，才是真正要追求的。也

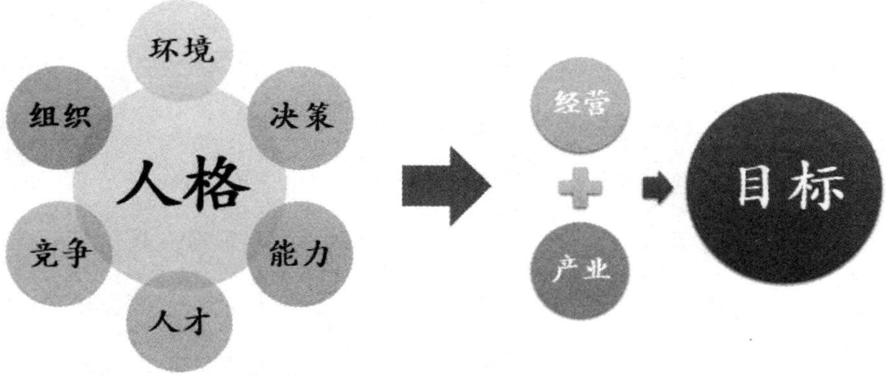

图 1　刘永好的管理实践活动

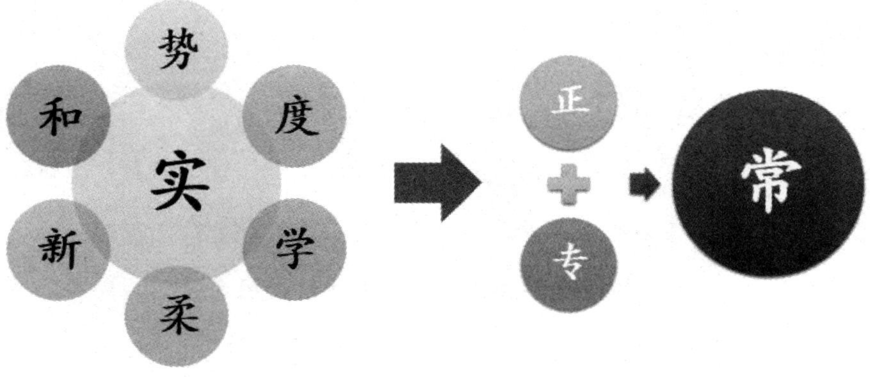

图 2　刘永好的管理思想体系

是因为有“常”的思想作为指导，企业才能拥有持续发展的不竭动力。而企业所进行的一切经营安排和管理努力，也都是为了做“常”企业。

经营之“正”，指企业不论何时都保持正向。一个不正的企业，不可能常青。事实上，不是所有的企业都可以做到这一点，保持正向，是一种稀有、强大的能力。其中的企业，既包含了真正顾客导向的事业，也包含了积极奋斗的人员。如同刘永好和新希望人常常提起的“阳光、正向”，一个好的企业，这应该成为一种习惯。

产业之“专”，指企业的事业要有专攻。在事业的方向上，“专”是对“正”的进一步补充。事业要正向，做到顾客导向，但没有任何一个企业可以服务所有顾客，否则，也服务不好，也就没有办法称之为真正的顾客导向。当然，这并非否定多元经营，但重点是，主业要突出。

人格之“实”，指实实在在地做人做事。这是任何目标得以落实的基石。人格化后的企业也具有这种品格，支撑着企业的品行，渗透在企业的方方面面。

实操企业时，光懂“实”还不够，还要懂“势”。

环境之“势”，就是要与环境联动造势，让对的事情得到有力执行。这一点体现了一个企业家卓越的洞察力。

组织之“和”，指通过合作完成个体无法做成的事情。因为有内外部的通力合作，企业才可能有从零到一、从一到无穷的成长动能和空间。这也是刘永好整合造势得以实施的保证。

决策之“度”，指决策者要把握好分寸。所谓恰当的把握，如刘永好的“快半步”论，要快，但又不能太快。

没有这样的分寸把握和适度判断，也不会在“势”和“和”上有上佳表现。

以“实”为基，造“势”、求“和”、握“度”，管理者还需要有效面对三个极为动态的变量：竞争、能力，以及人才。

竞争之“新”，指通过持续创新保有动态竞争优势。创新不只是技术层面，更是一种主动、先动的策略。率先集团化、金融化、国际化、年轻化等尝试，在一定程度上是在帮助企业远离竞争。竞争并非企业目的，管理者应该想办法远离竞争、向目标靠近。

能力之“学”，即通过不断学习来提升能力。无论是对于企业还是个人，能力都不是一项静态要素，能力不能停止，需要不断提升，才能在动态环境中更好地适应和生存，而提升的关键途径就是学习。从过去的历练中学习、向优秀企业学习、在做的过程中学习，这些都在刘永好带领新希望成长的过程中有所体现。同时，学习是创新的重要来源。

人才之“柔”，指通过柔性管理来充分释放人的价值。管理目标的实现，最终都有赖于人的价值释放。因此，人才是企业中最具创造力和活力的要素，但同时，也是最具自主性和弹性的要素。刚柔并济，尊重个体的价值，让刘永好得以与众人一起不断创造新的事业高度。

这就是刘永好管理思想的基本体系。这些管理要素每一个都看似简单，但当它们集合起来，并系统地付诸实践时，就会产生成效。而管理本身就是一门一加一大于二的艺术。把一个个看似简单的管理要素做出来，就是不简单。当我们在试图寻找一个可以撬动这些要素的支点时，答案或许在于刘永好的核心主张——领先半步。领先半步，彰显了有限理性的管理魅力，让刘永好得以把控企业行进的节奏，理解人们的内心世界，从而一同稳步创造属于大家的美好生活。

目　录
Contents

第一章

目标：让企业成为一棵常青树

知常曰明。

——老子

成功最大的挑战就是一直保持成功。

——欧文·柏林

这个时代不应该再有“王”了。刘畅应该更有内涵、亲和力，并且带领一批优秀的人往前走，这是最重要的。

——刘永好

管理学中常常非常重视目标，原因在于目标有一个特别的功能，即能起到激励作用。一旦有了奔头，干劲也就来了。与此同时，还有一个有意思的理论，叫期望理论，认为人们会成长为他所期望的样子。这个理论可以用一个经典故事来说明。

一位校长对一个刚入学的班级学生说，你们 50 位同学的入学成绩是全年级 500 人中最好的，同时，给你们班里配备的老师也是全校最好的老师。几年过后，校长看了看这些学生毕业时的成绩，果真是全年级最好的班级，这些老师也当之无愧成为最出色的老师。这时，校长才把真相说出来，其实这个班级学生入校时的成绩并不是最好的，老师也是随机安排的。可是因为一份有价值的目标和期望，这个班级真的变得格外出色。

这就是目标和期望的力量。对于企业家而言，企业会成长为什么样子？在一定程度上取决于企业家的目标观，即企业应该长成什么样子？是大企业、强企业，还是一个小而美的企业，还是其他？这些不同的企业家可能会有不同的答案。而从刘永好身上发现的目标观，或许能让大家达成共识。

保持企业活力

2013年，刘永好受怡和集团董事长的邀请在位于英国的城堡里共同讨论问题，刘永好说，“我比较感兴趣的是这样一个英资企业，在华人世界里持续经营了180多年，目前已经传到家族第六代，历经数次的社会变革依然屹立不倒，而且越做越强。”可以看出，刘永好希望企业可以成为一棵常青树。

刘永好讲，“我们的目标是打造世界级农牧企业，但世界级不单对规模有要求，而是方方面面都要领先。一些曾经辉煌一时的世界500强，也出现了被并购，甚至倒闭的情况，这就证明大公司一样会衰败。因此，下一步，我们要从大公司到伟大的公司、美好的公司。这其中，有很长的路要走。”

事实上，2012年，新希望集团在三十而立的时候也开始遇到了成长的“瓶颈”。刘永好说，“2011年时我们销售达900亿元，主要是以饲料、食品，加上其他的一些地产、化工，将近一千亿元。我们总认为2012年能够过千亿元，结果2012年下来很不理想，甚至比2011年还略有倒退。”这其中有外部的原因，如禽流感，但也有新希望自身的原因。

面对刘永好讲的大企业“中期疲劳症”，即“效率低了、激情消退了、活力少了、执行力弱了”，市场竞争的愈加激烈和对手的快速成长，以及同时面对的国家经济发展和互联网时代的机遇，刘永好坦言，“不变革就等于死”。

伴随环境的变化，2013 年开始，刘永好果断对新希望进行变革。常青树之所以可以常青，不是因为其永不落叶，而是在叶落的同时又不断伴有新的树叶生长出来。从这个角度，要重塑新希望的活力，用刘永好的话讲，就要进行“干部年轻化”，这样才能让企业保持青春。而要做到干部年轻化，刘永好认为“要首先从我开始”。

刘永好直面了干部老化的问题：

“我们自己深思一下发现，我们的干部老了。经过 30 多年的发展以后，这些跟我们一起创业的干部年龄也大了，50 多岁的、60 多岁的在主要岗位上，40 多岁的少。公司没有干劲了。我的年龄显然是最大的，跟我一块创业的年长的老员工，他们在重要的岗位上，他们对新生事物的理解度，对互联网、对国际化的认识，显然不如年轻人。于是我们就提出坚决年轻化。年轻化怎么做呢？必须从我开始，原来我是担任四五十家公司的董事长，很多大事基本上是我说了算。好处是效率高，执行力强，坏处是离了我就不能干事情。所以就从我开刀，我从四五十家公司的董事长降到只有一两家公司的董事长，甚至包括最大的公司，新希望六和股份公司。我培养我女儿刘畅让她走到前台，其实她更是一个干部年轻化的标志，是一个步骤。这次不单单是她，而是一大批年轻人。这就是我们的变革。”

让年长的干部退位，这当然是个不容易的过程，但刘永好对老的干部也进行了妥善安置。正如刘永好所说：

“这个变革说起来简单，其实很难。因为这些老同志对公司非常有感情，并且他们爱厂如家，他们工作也很努力。他们虽然年龄大了一些，但是他们也不愿意退休回家养老，他们觉得他们的事业在、感情在。怎样对这些老同志有一个妥善的安排和考虑，这是干部年轻化最重要的，在这个问题上我们做得还比较好。60 多岁的直接退休，享受国家的政策、国家的规定。另外，其中有一些非常优秀的员工，退休以后聘做专业项目的顾问，或者是某个专门事件、专门项目的特派员，或者是做一些专项审计，等等。这样既能够发挥他们的作用，同时他们心态、心情也会比较舒畅。另外一些年龄稍微大一些、还不到退休年龄的，从一线退到二线。最重要的是让出岗位，让年轻人、让有激情有活力的人去做。”

2013 年 5 月 22 日，八零后的刘畅出任新希望六和股份公司董事长，是新希望集团干部年轻化的标志，同时，也是新希望家族代际传承的一次标志。刘永好的这种做法可谓一举两得。家族企业常青，需要代代传承，而在传承上，刘永好又有着不一样的做法来保证传承的有效性。事实上，就在任命刘畅出任新希望六和股份公司董事长的同时，刘永好还邀请华南理工大学工商管理学院的陈春花教授担任该公司联席董事长兼首席执行官，连同总裁一起三个职位构架起“三驾马车”。

在刘永好看来，刘畅年轻具有活力和激情，非常努力，拥有国际化的背景和视野，热爱学习并且在新希望已经锻炼多年，同时拥有良好的亲和力、凝聚力，在新希望内部大家都对刘畅很认同和支持，因此，是时候让刘畅承担起更大的责任。当然，如刘永好所说，“刘畅还年轻，理论知识有一些但还不够全面，还需要更加系统的实践经验，让一个八零后女孩去管八万名员工和八百多亿元的销售额，是一个很大的挑战”。因此，刘永好还邀请陈春花教授一起来完成新希望转型的重任。

刘永好邀请陈春花，同样是经过细致考虑的：

“陈春花教授十几年来一直是我们的专家和顾问，她一直跟踪公司的治理、管理和市场，不断给我们提出建议。在早些年，她曾经出任过六和集团的总裁，两年任职期间，对于公司的治理和发展起到了非常积极的作用。而且在之后相当长的时间里，有关公司重大发展的问题，一般都会跟她沟通，她相当于我们智囊团中一个主要成员。同时，她也曾担任多家企业的独立董事，出任过美的、TCL 等公司的顾问，对于公司治理结构、管理制度及市场体系，都有非常深入的研究。而且她对行业很了解，农牧行业的一些大企业，都请她去讲过课，她的学生有很多在这个行业里，行业都很认同她，这些都是她非常大的优势。”

刘永好所做的这样的传承，《哈佛商业评论》称之为“混合制家业传承”。这种创新式的混合传承，一方面体现出刘永好作为一位常青基业奠基者的胸怀，刘永好认为刘畅和他的时代不一样了，从长远来看，不应该有这样的“王”了，刘畅应该更加有内涵和亲和力，带领一批优秀的人往前走，才是最重要的。另一方面，更重要的是，相比纯粹的家业传承，这样的做法会激发出更大的活力，刘永好鼓励并支持经理人从传统的职业经理人向事业经理人、企业家转变，而混合制传承就是一种标志性的举措。在这样的做法下，新希望更多的年轻干部会有更大的希望和动力。从而使整个企业的氛围，由为别人工作逐渐转向为自己的事业而奋斗。这就为常青注入源源不断的活力和生机。

干部年轻化后，在转型的业务层面，在刘永好的大力支持之下，新希望也在有条不紊地从变革中不断发展。新希望六和股份公司总部搬至北京，并在2015年年初和集团一同搬入充满年轻人的“望京SOHO”，新的总部和新的办公地点，这本身就是一种有活力的表现。新希望从集团层面成立创新集团，设立“草根知本”平台来支持互联网时代小微企业的新成长。在上市公司层面，在农业和食品的主业上，新希望调整了从产业链到供应链的思维，与京东等互联网企业及真功夫等供应伙伴展开积极合作，全面向消费者贴近，同时借助“福达计划”从链条起点就开始对品质做出提升和保证。而在整个公司架构上划小核算单位，同时为员工开展“暖心工程”，从而让整个一线更具活力。这些变革措施保证并激发了新希望员工的活力，而这些措施本身又是干部年轻化的一种活力表现。

组织的未来

“现代管理学之父”彼得·德鲁克并非管理学出身，一是因为德鲁克早期从事主流的社会学和政治经济学研究；另一个更简单的原因，是那时还没有管理学，至少还没有成为一门流行的学科。1946年出版的《公司的概念》是德鲁克的第一部管理学作品，事实上，在此之前，因为在社会学和政治经济学领域已经有了一定的学术积累，德鲁克的校长和同事曾多次劝他不要进入这个前途不明的领域，这样可能荒废了他的学术积累。但德鲁克却依然迈出了研究企业的第一步。

弄清楚当中的原因，就会懂得组织的未来。德鲁克坚持认为，组织会成为未来社会的基本单元，而未来社会中个人的成长一定依托于组织来实现，只有组织才能够帮助人们实现他们的自由和信仰。由此来看，不是德鲁克脱离了社会学的本行，而是同事们并没有看到组织所承载的社会功能。所以，德鲁克走进当时最成功的企业组织——通用汽车，来帮助更多企业阐明其中的管理缘由，如果每个组织都可以做到成功，人、组织和社会就都成长了。这就是未来赋予组织的任务。同时，因为管理在当中的贡献，管理学的价值才被社会认可。

1994 年，吉姆·柯林斯的《基业长青》出版之后，德鲁克第一时间邀请这位年轻人到家里做客，给予《基业长青》高度肯定。柯林斯用“愿景”表达了组织的未来，组织的未来不是要变得多大，而是能否基业长青，只有如此，企业才能完成未来赋予组织的任务。

刘永好的目标观与德鲁克和柯林斯的观点不谋而合。这也是为什么刘永好总是以平和的心态看待今天的新希望所取得的成就。相比中国企业短暂的平均寿命，早于中国企业“元年”创立的新希望并没有表现出“骄傲自满”，刘永好的期待远不止于此，当然，这并非仅仅是刘永好的个人愿望，而是一个伟大组织本身的要求。组织的未来一方面代表了组织可以予以的贡献；另一方面，也反映了组织的另外一个独有魅力——组织的寿命可以超越人的寿命。客观地讲，人的生命有限，但组织却可以实实在在地做到永续经营。如果对企业的成功只有一个标准，那无疑就是做到永续经营。纵观世界级的百年企业，无论是可口可乐还是通用电气，创业者的最大贡献在于，用时间成就了一代又一代的员工和顾客，这就是刘永好期待的组织的未来。同时，刘永好付诸实际行动，主动退出，让新希望完成代际交接，从而帮助新希望在常青之路上又迈出一步。伴随这种传承的，还有刘永好用实际行动展现出的优秀品格和价值观的传承。因为组织的未来，我们每一个人和每一个企业，都在希望的道路上。

第二章

经营：向生而正

名不正，则言不顺。政者，正也。

——孔子

企业对当今全球的生活质量负有很大的责任。

——郭思达

为耕者谋利，为食者造福。

——新希望六和使命

近年来，随着企业竞争生态愈演愈烈，尤其是伴随着互联网时代的到来，企业界开始流行一种“向生而生”的说法。不论环境如何，活着都要正向，反过来，也只有正向才能活着。

所以，对于经营而言，方向是第一位的。德鲁克把成长视为经营企业最重要的问题。其中的关键，就是正向。价值哲学中提倡要善于发掘事物真善美的一面，这也是正向管理的哲学基础。刘永好管理实践中蕴含的正念，正是与这些相符。在与刘永好和新希望的接触过程中，我们能感受到一种真切的正能量，所有的人都为我们提到了“积极、阳光、正向”。这种正能量，体现在企业的经营模式上，更满载于组织和人员身上。

以顾客为导向

阿里巴巴、腾讯、百度等互联网企业的成功，归根结底，是因为它们的互联网思维或互联网精神让顾客价值更大化。因为这批本身拥有互联网属性的企业的巨大成功，让很多传统企业纷纷往互联网企业转型，或是往互联网业务方向拓展。实质上，这样的做法尚未触及本质问题。因为在这样的情形下，互联网企业成了经营的方向。而事实上，经营的正向应该在于顾客，而不是其他。围绕着这个正向，传统企业不是要变成互联网企业，而是要借助互联网的思维方式去成就顾客价值。至于传统企业，互联网应该是一种作为思维方式的工具、机会，而未必要成为互联网企业。否则，如果是为了成为互联网企业而做经营的努力，很可能会迷失经营的正向。

因此，互联网企业的成功带来的是思维的变革，让企业家保持敏感的，应当是如何借助这一思维让企业在经营的正向上有更好的表现。这一点在刘永好身上有明显的体现。采访刘永好时能深切感受到两点：一是对于农业的坚守，不论外部环境如何变化，不论今天看起来互联网企业如何成功，他都没有忘记新希望要服务的顾客是谁；二是对于互联网思维的敏感，让刘永好真正感兴趣的并不是互联网企业本身，而是怎样借助互联网思维来提升新希望在传统产业的价值贡献。

所以，在今天已经被赋予是“互联网 +”的时代，刘永好正在进行着“传统 / 农业企业 +”，而互联网正是加号后面的重要一部分。“传统企业 + 互联网思维”，而非“传统企业→互联网企业”，真正体现了经营的正向。从某种程度上讲，对于传统企业而言，“传统企业 +”的表述比“互联网 +”的表述更具借鉴意义，两者的重心有所不同。传统企业，甚至是所有企业在内，要加载任何能够更有助于在经营的正向上行驶的工具，互联网不能代表全部，但它是其中的重要工具之一。

刘永好在被采访时讲道：

“我们是一个农业的企业，我们养猪、养鸡、养牛，而这些产业在中国已经有上千年的历史，显然我们是最传统的产业。最传统的产业在互联网蓬勃发展的今天，在新经济不断成长的今天，也面临新的格局和挑战。我们怎样用互联网来加上传统产业，把我们的传统产业插上互联网翅膀来发展，我们做了很多尝试。”

“福达计划”（即农场成长计划，Farm Development Plan）就是一项有代表性的互联网思维实践。从 2013 年开始，新希望开始在农村推进“福达计划”，以服务养殖户为核心构建技术服务体系。新希望通过整合行业内的资源，将资金资源和人的资源聚合到这个计划中，包括福达在线、云养殖、云学堂、云动保、云兽医、云金融等模块，这可以覆盖养殖的每个环节，形成“平台”效应。在新希望的计划里，这是一个开放的生态，除了新希望为养殖户提供服务外，其他商户也可以加入进来。实际上，这就打造了一个“滴滴打车”模式的电商平台，新希望采取养殖户抢单的模式来撮合交易，交易完成后，再由用户对服务商的服务进行点评，打破信息不对称的壁垒。通过这些数据，可以了解养殖市场的需求，以需求来主导生产。

当然，过去新希望也会帮助养殖户，但是“福达计划”会让这个过程更加科学和更有价值。一方面，通过科学的模块设计和平台参与提升了帮助养殖户的水平；另一方面，这个过程可以让企业更为深刻地了解养殖户的需要，可以真正按照需要来进行供应。

早在 2013 年，陈春花出任新希望六和联席董事长之时，她就提出“无限贴近消费者，将产品进一步往消费终端下沉”的改革措施，在内部形成了“生转熟、冻转鲜、贸易转终端”的共识。产品要想贴近消费者，还需要搭建渠道。新希望六和通过与上海勤强合作合资，借以进入上海 665 个农贸市场。新希望集团旗下美好食品体系通过与千喜鹤食品体系重组，在全国范围内，建立了至少 10 个新的食品加工基地。与之并行的，还有乳制品的发展。目前，新希望乳业规模在国内位列第四，仅次于伊利、蒙牛和光明。适应国内消费者口味的乳酪产品“味蕾游记”一经推出，就收到了不错的市场效果。有意思的是，笔者在新希望进行访谈的时候，工作人员特地拿出“味蕾游记”来让我们现场品尝，倾听我们作为消费者对于“味蕾游记”的感受。

何谓“经营的正向”？新希望所遵循的“为耕者谋利，为食者造福”正是经营正向的体现。坚守为广大农民和消费者创造价值的经营方向，刘永好创造性地引入互联网思维和价值链合作等方式来不断提升自身的价值创造能力，从而帮助新希望在经营的正向上稳步前进。基于此，企业才能成长、获利。

吉姆·柯林斯有一个有意思的观点，利润不是企业的目的，但是，利润对于企业，就像是空气和水对于人一样，没有利润，就不能生存。的确，企业不是为赚钱而活；但是不能赚钱，企业又不能活。无论是作为财富排行榜的常客，还是民生银行的股东，刘永好和新希望都体现出了大量的财富。但是，比这些财富本身更为重要的是，形成财富的正确逻辑，以经营的正向为前提。

财富不是目的，当在经营的正向上有所作为时，财富会随之而来。这些代表着对社会的贡献，像刘永好这样在经营的正向上有卓越成就的企业家，更确切地讲，应该称为社会企业家。

彼得·德鲁克有一项重要的管理原理，个体只能在其价值观范围内成长。意思是说，无论是对企业还是个人，他们的成长都不会超出自己的理念、视野。例如，如果一个人或企业的梦想很小、愿景很小，其成长空间就很有限，通俗地讲，如果连想都想不到，就更做不到了。但反之，一个远大的梦想或使命却会让一个人或企业有更大的成长空间。就中国的企业和企业家而言，马云和阿里巴巴是一个典型的例子。马云和阿里巴巴都常常谈使命，马云团队自创业之日便立志创立一个中国人自己创办的伟大企业，并且要让天下没有难做的生意，在这样的理念之下，阿里巴巴有了巨大的成长空间。马云和阿里巴巴的创业成功之路，也启发了很多年轻人去畅谈梦想和走在实现他们梦想的路上。

事实上，相比更早一代的中国企业家，马云有其独特的成长背景，儿时爱好英语，有良好的英文基础。长大后，中国也更加开放，使他有机会很早地了解世界，接触世界的先进思想和工具，宽广的眼界帮助他更好地开阔了思维空间。所以，马云一开始就有了强大的经营愿景，当然，这一愿景非常正向。

相比之下，刘永好则展示了另外一番路径。沿着经营的正向逐步前行，一点一滴地积累，企业的成长范围自然会不断变大。或许刘永好在创业时不会想到今天他本人和新希望的事业会有如此巨大的成就，任何人在20世纪80年代也不会预想到互联网的出现和前景，我们也很难预料未来比互联网更大的革命是什么，但如果从一开始就在经营的正向上行驶，就会一步步从中取得收获并且抓住融入时代的机会。相比今天的财富，刘永好在插队时创造的“第一桶金”以及养殖场创立之初的盈利都微不足道，但正是这一步步的积累，才有了今天的成绩。经营的正向可以很简单，“第一桶金”来源于为人民服务，为老百姓炒爆米花帮他们过个好年，这样的正向自然会带来好处，刘永好在收购种鸡时愿意比别人多给农民10%，让农民多赚些钱，自己少赚一点，这就是简单的正向。

因此，刘永好身上体现的经营的正向，是一种坚守。企业唯一不变的是要保持变化，从另一面也可以说，唯一不变是坚持经营的正向。从开始到现在，从现在到未来，企业所做的事情，或小或大，或简单或复杂，都是基于顾客价值展开的，这就是经营的正向哲学。如果从更大的时间跨度来讲，三十年、五十年、数百年甚至更久，一定更加离不开正向经营的持续坚守和积累。

做正能量的奋斗者

组织理论的奠基人切斯特·巴纳德指出，组织之所以可以存在，是因为有对组织目标有所贡献的行为。所以，谈组织理论，一方面是要确保组织目标的合理性，另一方面则是组织内人员的价值要得以释放。从这个角度来看，企业作为一个组织，既要坚持经营的正向，同时，还要激活人的价值。中西方对人性有各种归类和争论，有人之初性本善的观点，也有人生来懒惰甚至是邪恶的观点，同时，行为理论常对人加以归类，赋予各种人格，从而将人定格在某一范围之内。所以，在理论背景之下，人会有不同的人性、人格，具有复杂性，而这种复杂性随着研究的深入愈加复杂。

在观察以刘永好为代表的新希望人时，浮现出另外一个视角，人的问题可以简单化。这个简单化并不是从人性、人格的角度，而是将人置身在组织情景当中。既然人性、人格如此复杂，难以捉摸，甚至有些人格特质是无法改变的，那么组织本身可以作为动力来影响人们的行为。例如，同样的人，在其他组织中可能无法释放价值，甚至被定格在其所需的人员之外，但是在另外的组织中却颇具价值。也正如心理学家阿吉里斯所讲的那个现象，一个人在上班时可能非常懒散，但下了班却充满了能量，跑去做各种事情。所以，不是人的问题，关键之处在于，组织是否激活了人们的正能量。问题的落脚点在于组织。因此，组织要保证人员之正。否则，原本可以表现出正能量的人员在组织中呈现出负向表现，既是一种浪费，也是一种遗憾，更体现不出组织的价值。

新希望人的正，一方面体现在刘永好身上，刘永好身上的正直、正向、奋斗精神，其一言一行都在向新希望人传递着正能量；另一方面体现在组织整体上，新希望的组织平台能够容纳、支撑、激发出人的正向价值。

文学家哈罗德·布鲁姆曾这样形容学者，“一个学者是一根蜡烛，所有人的爱和愿望会点燃它。”布鲁姆认为读者需要用心的光点亮学者的作品，而照亮的学者作品又会给读者带来更大光明。事实上，这个道理也可以体现在组织和员工之上，组织点燃员工的同时，员工也为组织带来光明。《讲述新希望人自己的故事》中有这样一个故事，题为《永不放弃，给我爱的新希望》，很好地说明了这一点。

我来自一个特殊的群体，腿部的残障，让懂事的我无时无刻地感受到：与生俱来的不仅仅是肢体的不健全，更多的是灵魂深处的自卑。当通知我以第一名笔试成绩进入国税局应聘面试时，我一扫往日的愁云，仿佛找回了久违的自信，甚至感到无比自豪与骄傲。但当我站在面试考官的面前时，没想到他却用奇异的眼光看着我说：“对不起，我们招聘的是身体健全的公务员，你的腿……”

打那以后，我常常把自己关在屋里，独自躺在床上发呆。失落与绝望使我再也鼓不起求职的勇气。这时，一位好心的老师找到我，语重心长地对我说："人的一生起起落落是常事，你才刚刚跨出校门，人生的道路还长着呢，不要放弃，跌倒了爬起来继续前行，做一个生活的强者。这不，新希望集团的上市公司农业股份来学校招聘啦，你再去试试吧。"

经过初试、笔试、复试，"新希望"终于接纳了我。新希望不抛弃我，我更没有理由放弃自己。在拿到录用通知的那一刹那，汩汩热泪挂在我的脸上，不仅家人为我庆幸并满怀感激，而且我个人更是下定决心要用一流的工作来报答新希望、感恩新希望！

报到时，公司领导对我说："新希望是很大的平台、很好的平台。她会善待每一位敬业努力的员工。只要勤奋工作、努力上进，每一个新希望人职业生涯的前景都将是远大的。"在这里，我真正感受到了一种家庭般的温暖、军队般的力量、学校般的氛围。虽然常常工作至深夜，但我和我的同事们却感到无比的充实、无比的快乐。因为我们为自己所爱的"新希望"奋斗着。

上述故事是一名普通新希望人的经历，激活新希望人、赋予新希望人正能量的不是其他，正是新希望这个平台。故事中所讲的，"新希望是很大的平台、很好的平台。她会善待每一位敬业努力的员工。只要勤奋工作、努力上进，每一个新希望人职业生涯的前景都将是远大的"，就是对"正向平台"的诠释。事实上，在走访新希望集团的过程中，我们接触了不少积极正向的新希望人，并且是从各个一线通过多年打拼一路过来的，这些人也都有同样的体会。

作家林语堂把人生比作是一场盛宴，既然如此，我们也没道理不积极地去赴宴。刘永好的管理智慧在于，他致力于打造这样一场盛宴，让新希望人保持活力。对上述新希望的普通员工如此，对高层管理者也是如此。

在采访刘永好的过程中，刘永好常常提到新希望的“舞台”。刘永好搭建的舞台可以激发出新希望人更大的正能量，离不开以下所述两个方面的舞台特色。

一方面是凸显年轻人的价值。老一辈的管理者逐渐隐退，让年轻人逐渐站出来，相信年轻人有更好的表现。新希望培养和吸收了一批年轻的管理者，刘永好打破了“职业经理人”的说法，而是用“企业家”“事业经理人”取代，这意味着新希望的舞台是大家的，这就把新希望这个平台进一步转变成每个年轻人自己的事业。

这个舞台不是刘永好自己的，而是大家共同的舞台，这是一种非常正向的舞台特色。如刘永好所说：

“其实发展规模做大以后，不管做什么，只有一个就是管理。其实不在乎你直接管，而相反你直接管多了以后反而往往不好。因为你的企业规模那么大，分布在那么多地方，你怎么管，你管了人家这些职业经理人他们怎么管。所以更重要的是让一批经理人成为企业家。所以我说我们公司今后要少提职业经理人，多提我们的企业家精神。我们就是企业家。所以说这几年来我们一方面干部年轻化，一大批年轻人出来了；另一方面，我们面向社会招聘了一批非常优秀的管理干部。我们集团几个主要的管理干部，他们的水平比较高。我们的一个集团的副董事长原来是北大学生会主席，在公司干了14个年头。毕业以后在人民银行总行工作，然后下海在我们公司干了十几年，从基础工作，到中层干部，到现在高层干部，40来岁。另外一个副总裁原来是在央企工作，也是做高层管理人员，到我们这里来，做我们的副总裁，也是做得相当不错。这样的一些优秀人员，要把他们请进来，让他们发挥作用。我们还有一批从国外来的同行的人，国际会计师事务所的人，国际机构的人，这样的人有一大批开始进来了。”

从职业经理人到企业家，是组织赋予管理者的全新价值，也是刘永好的创造性思想。我们也访谈了刘永好所提到的集团副总裁，能够感受到这样的舞台魅力带给他的活力。

另一方面是创造出更多的机会。在让年轻人走出来的同时，为年轻人创造出新的机遇和挑战，让他们有更多有意义的事情可做，才能取得更正向的表现。

“关键看我们有没有这样的舞台。有这样的舞台人家好唱戏，没有这个舞台人家来没有办法唱。我们要给他创造条件，让他们在这儿不但能唱戏，能唱得非常好。这个条件就是我们提出的三个化：一是变革创新互联化；二是国际化；三是把我们的产业发展实体成长和发展与金融平台结合，称产融结合金融化。所以这几年我们金融方面做了不少的投资，我们是民生银行倡导人、发起者之一和大股东之一。这几年民生银行给我们带来巨大的投资和回报，我们总体也是做得不错。我们集团也成立了新希望财务公司，新希望保理公司，新希望融资担保公司，新希望金融公司，等等。我们也投资保险，投资证券。”

与此同时，2014年，基于互联网精神的创新，新希望集团拿出一亿元资金支持几百个微创新项目。这些机会都让新希望人有更大的正能量可以去释放。

凸显年轻人的价值，创造出更多的机会，这些变化都让年轻人拥有了更多的权利。事实上，刘永好的管理实践呈现了具体系化的管理思考，在提供这些变化和机会的同时，刘永好也提出了相应的要求，提出“基层饥饿感、中层危机感、高层使命感”。

所谓“基层饥饿感”，指新希望的经理人应该有企图心、有野心、有想法。每一个工厂都让“能听得见炮火的人”指挥战斗，在制度和规则下放权，满足他们的企图心，使他们成为事业型经理人，将大胆任用与制度建设相结合。新希望要形成这样的制度——每年从大学毕业、在公司工作 3 年以上、30 岁以下的这个群体中重点提拔年轻干部，提拔的数量要占到集团干部总数的 20%。让干部年轻化，让有激情、有企图心、有事业心的人得到重视。给位置、给机会、给压力、给放权，这就是新希望变革的大方向。

所谓“中层危机感”，指新希望要建立轮岗制，干部必须定期轮岗，不能在一个地方一干十年、二十年，积极地推动干部竞争上岗，实行业绩、能力、管理水平综合考评及末位淘汰机制。另外，一些敏感岗位还要适当地调动。这会让我们的干部产生危机感，但并不是公司刻意要制造危机感，而是事业本身需要我们时刻具有危机感。

所谓“高层使命感”，指高层要有大局观、使命感，要看得更长远，战略规划要清晰。有目标、有责任、有担子、有担当。善于用人、会带队伍、不搞帮派。制定市场化的、可操作的激励与约束机制，引导中层、基层干部，带领全体员工充满激情地去奋斗。

所以，刘永好所搭建的新希望的舞台，有机会、有担当，才得以真正激活人们的正能量。回到刘永好本人，事实上，白手起家、历经艰辛创立新希望，本身已经是非常正向的励志故事。无论是儿时困境家庭下的阳光，还是创业伊始在被人开了空头支票的惨重打击之下还决心把农民的钱还上，还是刘永好开展的公益“光彩事业”，以及今天新希望六和的全新愿景“打造世界级农牧企业和美好公司”，都体现出了刘永好身上的一股正气。这样的正气也在影响着身边的人。如采访陈春花时，她所讲：

“当公司和永好董事长看到公司的发展出现阻力，会寻求新的能力和资源进入，所以我才因此来到公司，承担公司战略转型任务。永好董事长曾经说过一段话，让我印象深刻，即‘这二十多年的磨炼对于我来说，拥有了多少财富并不重要，重要的是，我拥有了创造这些财富的能力！假如我这个企业什么都没有了，我的所有财富都消失了，但是我的自信还在，我的见识还在，我的这种经历和能力还在，我可以从头再来。对于我来说，自信和勤奋是无价的’。”

新希望用两个核心价值来表述美好公司：员工、客户、合作伙伴的成长共同体，奋斗者收入翻番；美好农牧环境的建设者。这样的美好实现，离不开一个基石，即正能量的奋斗者。积极心理学把全身心投入做事的心理状态称之为心流，放在组织中，这样的能量释放离不开一个正向的组织平台。在新希望的组织平台上，有满载正能量的领导者在身体力行，同时也有一个可以施展年轻人才华的舞台，从而使正向的组织平台变得颇具魅力：让置身在其中的个体真正成为正能量的奋斗者。

未来正向发生

任何事物都有其积极的一面，关键是能否拥有正向的眼光。想到一位与泰勒同时期的女性管理学家玛丽·福列特，她很早就开始提倡管理的正向思维。一百年前，当很多企业都在把冲突当作一件不好的事情加以回避时，福列特却提出要看到并利用冲突的积极面，而不是一味地回避冲突，一味地回避冲突反倒会降低组织的活力。因此，她提出了"建设性冲突"的概念，即要发挥冲突的建设性，而这一点至今看来仍然很重要。后来德鲁克提出的"用人所长"也体现了这种正向思想，管理者要善于发现并发挥人的长处，因为别人的缺点不会为管理者贡献价值。因为对未来的预见性，福列特被誉为"管理学的先知"。所以，未来的方向，一定是正向。

刘永好正是拥有这样的眼光，并以此来看待事物和未来。同时，刘永好的正向思想体现得更为系统。在经营上，沿着顾客方向来做出新希望的经营安排，组织的转型与发展也是围绕着非常正向的顾客价值展开，为耕者谋利、为食者造福。基于正向的经营观，树立上下同欲，让组织全员成为正向的奋斗者，做事时始终保持积极的心态和方向。透过刘永好和新希望可以看到，组织和个人都置身于正在发生的未来当中，但美好的未来只有依靠“正”的经营与管理行为才能发生。正向的行为会带来正向的未来；反之，负向的行为会带来负向的未来。没人渴望负向的未来，因此，组织和个人需要铭记于心的是，让未来正向发生，再用正向的未来驱动现在的正向行为。企业未来一定会面临各种各样的困难、挑战，以及选择的诱惑，甚至会越来越多，正因如此，保持正向会成为一种稀缺力。

第三章

产业：专注于现代农业

少则得，多则惑。

——老子

专业，你唯一的生存之道。

——大前研一

我们比较骄傲的是这三十多年我们培养了一个农业的产业，并且从传统正在走向现代，从小规模到大规模，从区域变成全国乃至全球。

——刘永好

今天的新希望集团，已发展成为中国农业产业化国家级重点龙头企业。在一定程度上，刘永好和新希望与中国农业产业发展是相辅相成的关系。一方面，刘永好和新希望在改革开放和国家农业政策的背景中成长；另一方面，坚守农业的刘永好和新希望又将这个行业不断做大，在中国农业产业的发展过程中，起到了重要的带头引领作用。这一切的成就，都与刘永好对农业的专注和坚守息息相关。

守护好农业的大本营

刘永好最开始是从鹌鹑养殖起家的，并一直做到了鹌鹑大王，通过鹌鹑养殖完成了最初的资本积累。鹌鹑养殖之后，刘永好又进一步成为中国农业行业里的饲料大王。20 世纪 90 年代国有企业改革期间，刘永好顺应国家导向，收购了大批国有企业，这些企业中除了饲料企业外，也有相当一部分养殖企业。刘永好整合了这些养殖企业，延续自己的养殖本行，开始了种猪、种鸭、种鸡、商品鸡等的养殖；并且结合了国内外先进技术，培育优良品种，开启了养殖新时代。

1996 年以后，随着国内外大量企业的竞争，饲料利润日益趋薄。刘永好开始在农业本业中探索新的发展机会。经过多方考察，2001 年下半年，刘永好对四川阳平乳业公司进行并购重组，开始涉足乳业。刘永好通过开创“公司 + 牛场 + 农户”独特的经营模式，加强质量监控，结合信息技术，积极与国外优质奶源基地合作等，逐渐拓开了乳业市场。

随着人民生活水平的不断提高，人们对肉食品的需求也在不断增加。这时，基于刘永好在农业本业积累的坚实基础，刘永好开始向饲料、养殖产业链下游发展，进军肉食品加工业，将农牧业链条延伸到人们的餐桌上。在肉食品加工领域，刘永好收购了千喜鹤等知名品牌，并利用新希望集团的整体优势进行改造升级，同时引进国外高端肉类品种，培育新的产品，实现以质取胜，在肉食品加工业又取得一席之地。这一切的进展，似乎都在刘永好的掌控中有条不紊地进行。实际上，再想想，刘永好做的也都是“分内之事”，一路走来，始终在他最为熟悉的主线上进行。

《论语》中讲，“君子务本、本立而道生”，意思是说，把根本做好了，未来的路就有了。阿基米德说，“给我一个支点，我可以撬起整个地球”。融合东西方智慧，再结合刘永好的实践，会让商业的规律更为清晰，企业必须有自己的立足点。企业要有自己的大本营作为前进的支撑。就像我们看到联想收购 IBM PC，进行国际化，之所以可以做到这一点，是因为有强大的本土市场竞争力做前提。同样，刘永好也一直守护好农业的大本营，以此为根本，才能支撑企业更广阔的作为。

合理安排主副业务，副业服务主业

农业作为中国经济发展的重要支柱产业，拥有广阔的成长空间。因此，农业企业要为成长做好准备，必定需要大量的资金支持。而随着市场需求的增加，新希望要进一步发展，对资金的需求更会越来越大。因此，刘永好在金融方面也做了不少的投资。他是民生银行主要的发起人和大股东。他还成立了新希望财务公司、新希望商业保理公司、新希望融资担保公司、新希望金融公司，等等。此外，刘永好在新加坡设立了区域总部，通过区域总部，新希望可以做到在当地融资。同时，他在我国香港投资平台公司，通过政府商务部的批准，把新加坡和我国香港作为境外投资的跳板、平台和融资中心。这样就把金融和农业相结合，可以为农业主业的持续发展筹集到更多资本。此外，如刘永好所说，他做房地产就是在做金融。1998 年，新希望投资 12 亿元与成都市统建办公室联手开发成都市最大的房地产项目——锦官新城，刘永好正式进入房地产行业。接着，刘永好成立了新希望置业有限公司，利用地产业高增长和资本快速运作的优势，为农业本业提供了强大的支持。

对于新希望的主业发展，除了资金需要以外，也离不开必要的农药、化肥、农具等生产资料，并且对质量要求很高。如果纯粹依赖市场，不仅不能控制成本，而且不能确保质量。为了给农业更好、更快发展提供必要的支持，1997 年，刘永好经过对国内外市场一年的调研和座谈商讨，决定与世界银行集团国际金融公司一起对成都化工有限公司进行重组，正式进军化工行业。随后，刘永好在其集团下设立了新希望化工投资有限公司，掌股多家化工公司。其中，云南新龙矿物质饲料有限公司为农牧业提供发展所需的磷酸钙盐，甘肃新川化工有限公司、甘肃新川肥料有限公司开创了通过资源再利用的循环农牧经济发展模式，成都华融化工有限公司为农牧业发展提供必需的 PVC（聚氯乙烯）材料。刘永好进军化工产业，将化工产业与农业相结合，相得益彰，进一步推动了主业的发展。

刘永好进军金融、进军地产、进军化工，看似是新希望在壮大之后的“盲目”多元化发展。但实际上，向这些产业进军，刘永好的战略逻辑一直都很清晰，就是用多元产业为农业发展不断注入血液。因此，主副业务非常明确，并且副业也都起到了服务主业的功能。

今天，“初心”已经变成了一个非常流行的词，很多人都在讲，要不忘初心。事实上，早在1969年的一篇经典论文《拓展营销的概念》中，科特勒就指出，很多企业已经迷失了最初的使命。如果从营销学谈论“需要”的本质来讲，需要其实是人们缺什么。这从另一个侧面反映了，人们谈初心，在一定程度上是因为很多时候人们已经忘记了初心，以此来提醒自己找回初心。所以，初心这个早就埋藏在人们内心深处的潜意识，能始终保持激活状态的情况已经变得非常稀缺。因而，刘永好的特别之处，用“保持初心”来形容会更加贴切。忘记初心的人会为了赶路而赶路，从而忘记了出路在哪里，而保持初心的人会为了初心而赶路，所以才能“方得始终”。也因此，我们会看到，刘永好把主副业分得很清楚，并且做副业的目的也很清晰，不是为了做某种副业而去做，而是拿来为主业服务。也只有如此，企业才能在专的方向上更有实力。

以专业主义为企业文化

根据沙因的文化层次理论，文化往往通过一定的载体形式出现，反之，通过看某种载体，也能够看出企业的价值理念。所以，从广义上讲，一个企业的外在表现，从产品、服务、人员，到办公场所等一切事情的安排，都隐含了内在的价值理念。事实上，读书也是企业重要的文化载体，企业读什么样的书，也反映出企业提倡什么样的价值观，并且潜移默化中让大家形成一致的认知。就像是联想公司，曾经在企业内部就一起学习过吉姆·柯林斯的《基业长青》，这是一部关于树立企业未来愿景的著作。所以，在 2015 年的一次柳传志和马云的对话中，马云讲到，阿里巴巴和联想有很多共同语言，有着共同的愿景，因为他和柳传志在创业早期都读过一部相同的著作——《基业长青》。

当然，新希望也不例外。在研究新希望时，我们也发现了一部在新希望内部广为阅读的书，即大前研一所著的《专业主义》，而这个题目，足以表达新希望的价值理念。“定位之父”特劳特在论述什么是战略时，用了一个分化定律，在这个分化的时代，市场上的产品品类越来越多，企业随之分化得越严重，自身的影响力就越可能受到稀释。所以，在分化的时代，懂得聚焦是企业的生存之道。

20 世纪 80 年代，杰克·韦尔奇做了一件重要的事情让通用电气重获生机，即他提出的“数一数二”。很多人都知道这是一个著名的战略，即韦尔奇剔除了通用电气原来庞大的品类，只有可以做到数一数二的行业才去做。事实上，通用电气可以转危为安，不只是因为“数一数二”的战略，更因为“数一数二”的文化。韦尔奇把“数一数二”从战略进一步落实为一种文化，不仅是要求企业要做到数一数二，所有的员工也是如此，要做就做最好的员工。这种做法不仅成就了通用电气的员工和这家企业，也让韦尔奇成为全球公认的伟大 CEO（首席执行官）。又如 1994 年德鲁克在《哈佛商业评论》的经典论文“经营之道”中所讲，经营之道要成为企业的文化。

《专业主义》在新希望内部的阅读也会在潜移默化中起到这样的功效。同时，刘永好本人也在以身作则，用实际行动诠释着专业主义。专业主义不仅仅是做什么，还包括怎样做。所以，一方面，刘永好带领的新希望在行业选择上表现出专业主义，如波特在《什么是战略》一文中所说，战略就是选择，更重要的实质是知道选择不做什么；另一方面，在进入某个行业后，无论是农业还是服务于农业的其他行业，刘永好和新希望都认真去做。这就是借助专业主义的理论和实践可以展现给全体员工的，沿着自己的核心做事情，同时认真去做每一件事情。

第四章

人格：实实在在做事

道生一，一生二，二生三，三生万物。

——老子

如果我每重复一次“质量、服务、清洁、价值”的信条就得到一块砖的话，我大概已经可以用它们在大西洋上搭起一座桥了。

——雷·克罗克

我们是有三十年历史的民营企业，已经取得了一定的领先优势，我们下一步还是会这样勤勤恳恳去经营，认认真真做事情。

——刘永好

2015 年夏天，在新希望北京总部见到刘永好时，他衣着朴素，一双深灰色的布鞋、一件浅蓝色的休闲衬衣、搭配一条深灰色的休闲裤，这就是我们见到的刘永好。真正接触他、研究他之后又进一步发现，这种朴实不仅仅是外在的穿着，更体现在他做人做事的风格上。如同沙因由内而外的文化层次理论，刘永好的实，也是由内而外，真正的实实在在。

低调务实，依靠实力

新希望集团董事副总裁唐勇曾为我们讲了一个他第一次和刘永好见面的故事。唐勇也是2013年刘永好在新希望重要转型时期请到的一位高管和金融专家。在他以往的概念里，有很多民营企业家的办公室非常气派，要上百平米，办公桌距离远远的，会给人很大的距离感和森严感。唐勇第一次见到刘永好是在华润大厦，在他看来，虽然那是个不错的大厦，但是在京城的写字楼里还是略显得有些土气。工作人员把他领进二楼刘永好的办公室时，唐勇当场就愣住了，他指着我们正在做访谈的会客室（大约二十平方米），说那个办公室还没有这个大，也就是三分之二大小。他非常意外，还特地问了接待他的工作人员，这是不是刘总的临时办公场所，工作人员很肯定地告诉他，这就是刘总的办公室。

在一个不大的空间里，一张办公桌，桌上一些文件，一个书橱，一个三人沙发和一个小茶几，外加两把椅子，这就是这位首富的办公室。这完全颠覆了唐勇对首富办公室的想象。而他就坐在对面的椅子上和刘永好进行对话。两个人聊了四个小时，到了中午一点了。刘永好说聊到这么晚了还没聊完，要不边吃边聊吧。唐勇看到二楼对面正好有一家美林阁，还以为刘总已经安排秘书在那里订好了位子。这时门打开了，先铺报纸，然后盒饭就上来了，一人一盒米饭，刘永好告诉唐勇，因为你来还特意加了两个菜。这就是当时已经身家几百亿元的刘永好。

刘永好家族的分家过程也能看出他低调的作为。一件本该沸沸扬扬的资产划分，以一次家庭会议的形式平静地解决了。新希望的“接班”也是没有经历多大波澜就顺利完成。刘永好的女儿刘畅 2002 年回国后，便被安排隐姓埋名在新希望工作。刘永好希望女儿能从这个过程中真正学到东西、锻炼自己。直到 2011 年的“两会”上，刘永好才首次带女儿出现在公众视野，又直至后来的顺利接班，都没有怎么大肆宣传。用刘永好的话说，新希望的发展要靠实力。这也正是一个企业的生命所在。

在工作中，刘永好也是亲身实践，不夸夸其谈。新希望在海外扩张、工厂选址的时候，刘永好通常会亲自去勘察现场。当需要现场采集照片的时候，他自己就会拿着相机冲在最前面，认真拍照。与此同时还自己踩一踩，看一看，丈量距离。一步一米，靠步子就可以估算出大概的长宽。这样的企业家精神难能可贵。

还有一次，新希望要在海外收购一家从事海洋制品的企业，项目一开始他就赶到最前线去了。路途很曲折遥远，先是国际航班转国内航班，再转小飞机，还得坐船，刘永好却坚持赶到现场。在国企中有多年管理经验的新希望集团董事副总裁唐勇告诉我们：

“我们以前在国企不会这么做的。一般情况下，投资项目落成后，国企投资经理先去被收购企业，回来以后向处长汇报，处长向部门主任汇报，部门主任再拿到党组会来研究，分管领导未必一定到现场。原来我喜欢跑第一线，属于班子里最能跑的，经常跑到项目第一线，但我也没有从一开始就跑。但是在这里，投资经理还没去呢，刘总就已经去了。”

刘永好如此努力和敬业，身边的人也耳濡目染，就像是采访中一位新希望的工作人员告诉我们，“我觉得如果我不努力去做，我就会被落下。我会有这种感受，如果我一天很闲，我会有恐慌感”。

早在 1982 年，迪尔和肯尼迪就在企业文化的奠基之作《企业文化：企业生活中的礼仪与仪式》中告诉我们，英雄人物本身就是企业文化的一部分。当然，这个英雄人物不是所谓的盲目崇拜的对象，重点在于，英雄人物的所作所为代表着企业的理念和意图。所以，最可怕的一个简单现象是，一个领导者说我们企业里的人都要穿工装，但唯独不穿工装的就是他自己。这就是刘永好作为英雄人物的意义，当刘永好低调务实、依靠实力时，我们也会发现，他身边的人也是如此，如此一来，企业也变成了这个样子。当下一个英雄人物从周遭的人产生时，新的循环又会开始。这就是文化的本源和生生不息，以及英雄领袖在当中释放的气场和独特魅力。

生产经营，实实在在

新希望初期会向一些散农收购鸡，但 2006 年的禽流感使新希望的养殖体系受到了很大冲击。原本企业已经在收购价格上跟农民达成协议，签订了合同。禽流感的爆发使人们谈鸡色变，一段时间内人们的餐桌上都不再出现鸡类产品，因此鸡的价格大幅度下滑，进而使得大量的鸡卖不出去。在这种不可抗力的自然灾害下，如果继续收购的话，企业无疑将要承受巨大损失。因而有的屠宰企业直接撕毁合同，规避风险。但这样一来，虽保全了自己，但却失信于农民，也等于将农民推向火坑。因此，刘永好在集团进行内部讨论后决定，完全按照之前合同的收购价全部收购农民的鸡。再加上禽流感的持续时间很长，原价收购使得新希望最终损失了1.6亿元。虽然短期利益遭到损害，但为新希望赢得了实实在在的信誉，这是刘永好最重视的资产。

重视产业链建设，从源头保证质量

2008年发生的乳品“三聚氰胺事件”，给中国奶业甚至食品业都带来了沉重打击。在整个乳品行业经济低迷的情况下，新希望的各批产品经抽检全部合格，与此同时，新希望乳品的销售还得到了大幅的提升。为什么在“三聚氰胺事件”中新希望的乳品销量不降反升呢？刘永好认为这缘于产业链的扎实。

中国乳企数量较多，但多数只重视市场前端，而忽略了后端的养牛，导致牛奶供应不足，从而导致了掺假行为的发生。而新希望一直重视产业链的建设，从饲料与养殖源头抓起，虽然投资很大，周期很长，但是食品安全问题得到了保障。新希望乳品没有出问题，源于自己有基础扎实的奶牛基地，奶源充足。如果过度依赖向散农收购，产品质量就很难保证。如果仅仅为了赚取利润而忽视产品质量，拿老百姓的健康当儿戏的话，这样的企业最终也是难以生存下去的，并且会付出惨重代价。

刘永好充满希望地说：

“若干年后，居民购买的猪肉不会和现在一样，随便买都无所谓。相比之下，产业链保障下的每一块猪肉都是可追溯的：祖孙三代是什么血统，在哪个养猪场养大的，什么时候吃过什么，用过什么药。这才是真真正正、彻底的放心肉。”

高价配置设备，实现双重监督

新希望从事的是民以食为天的行业，所以格外重视食品安全。新希望建立了一套完整的线上线下监督体系，以确保产品的高质无害，做到对消费者诚实与负责。通过与员工访谈我们得知，新希望集团下的每一个厂都配备了很多价格不菲的设备来检验产品质量，有的一台设备要几十万元甚至上百万元。人力、财力投入非常大。此外，新希望总部成立了安全环保部，企业下属食品厂、屠宰厂的所有检验与化验人员全部归这个部门管理。工作人员告诉我们，这个安全部门是新希望最大的部门，有两千多人。这一系列举措充分说明了新希望对食品安全问题的重视程度。通过安全环保部对下面的分部门进行线上线下的巡查、巡视、督察与监督，将所有的食品检验与化验结果直接输入网上系统，所有结果一目了然，方便查阅。网上也有人专门监控，不存在更改检验结果蒙混过关的情况。就这样，新希望在产品销售出去之前就已经设置了一系列线上安全保障，从而有效降低了不合格产品进入市场的概率。

一般企业觉得产品卖出去就算完成任务了，新希望没有就此松懈，而是线下加强市场监督，确保线上线下双重食品安全保障。线下监督指的是买产品回来抽查，当产品卖到市场之后，企业安全环保部的人员会通过回购的方式对产品进行抽查化验。一旦发现问题，就停止生产，追究责任，并予以处罚。新希望通过条形码可以进行全程追溯。因此，作为中国最大的农业企业，新希望坚持“做好食品安全”的理念，得到了集团上下的共同重视。

刘永好说：“在国外投资，企业背后还代表整个国家，产品做得差，有可能损害中国的信誉和中国制造。所以，企业的责任会更大一些。”这也显现出刘永好的远见与责任感，要努力为中国的品牌和中国制造赢得国际认同，而这个认同的基本共识与前提就是保证产品的质量。

安全第一，生产第二

产品质量是企业的生命线，而安全生产是产品质量的重要保障，因此，刘永好对安全生产给予高度关注。新希望主要通过风险勘察、安全生产责任制和专人管理三个方面来加强企业安全生产，提高企业员工风险防范意识。现场风险查勘旨在发现企业在生产经营过程中存在的风险点，防患于未然。除了风险查勘，新希望为了确保员工的人身安全及公司的财产安全，还建立了安全责任考核机制，对各级管理部门及从业人员安全职责的履行情况进行重点考核，予以奖惩。新希望的工作人员告诉我们，在年终奖中，安全生产的考核权重占到了 20%。在专人管理上，安全环保部下设专员主抓安全生产。安全专员每月要走两个片区，根据安全生产的几百条细则逐一检查。

在生活上，新希望建设了“暖心工程”，其宗旨就是杜绝质量问题、人身安全问题，给予员工家一般的温暖。新希望目前国内 400 多家厂都在推行暖心工程。新希望负责暖心工程的工作人员为我们详细讲述了这项工程。暖心工程主要是深入生产的一线，关注两堂一舍，即食堂、澡堂和宿舍，为员工创造安全舒适的生活环境。在基层员工宿舍中，为了防止人多产生噪声影响员工睡眠质量，通常是八个人或六个人一间的标准宿舍，同时宿舍里面配备空调、电视、WiFi、衣柜、盆架等基本设施。在饮食方面，确保食堂饭菜的充足供应与营养搭配，让员工在劳累工作之余有充分的能量供应。对于澡堂，首先，为了防止雾气引起灯管爆炸造成短路，一定要安装防爆灯；其次，北方天气严寒，因此澡堂里面必须要有暖气；最后，澡堂里面还要求有更衣间、衣柜，一方面让员工的东西有了放置的空间，另一方面也减少了物品遗失的危险。

赫茨伯格的双因素理论提出了两个因素：一个是保健因素，如基本工资和福利，这部分只能起到保健的作用；一个是激励因素，如奖金和晋升，这是起到激励作用的部分。因为这个理论本身就提出，保健因素只起到保健作用，起不到激励作用，而激励因素又包含了激励二字，所以，在更多的时候，人们对激励因素的关注会更多。但事实可能并非人们所想象的那样。在研究这个理论时，笔者想到了一个儿时一直不解的观察，原本一家企业有开水供应给职工，来了一个新的管理者后，他把这个福利取消了，没想到就是这么一点儿小事，却遭到了职工的集体抗议。实际上，保健因素可以给我们答案。领导者不要把“三块两块”的福利不当回事，在员工眼里，或许“一毛两毛”都不是小事。这意味着，理论上虽然讲保健因素起不到激励作用，但现实中如果保健因素降低了，或者完全被忽略，激励本身就会失去成效。

刘永好的实践让我们更清楚了这个管理逻辑。刘永好在意生产一线的点点滴滴，原因在于，很多细节看似可有可无，但在这些细节上一旦出现问题，就可能带来重大的安全问题，并对生产带来重大负面影响。所以，这些细节之处，就是最为关键的保健因素，并且是“生产经营、实实在在”的根基。这一点保不住，承诺就会变为谎言。2012 年美国《哈佛商业评论》曾组织专刊来揭示幸福的本质，他们所给出的结论远没有我们想象的高深，幸福就是让人能安下心来工作。否则就打破了积极心理学家谓之的“心流”状态，让人无法全身心投入工作。刘永好所做的这些看似不大的小事，就是为了让工人们可以更好地安心工作。

与此同时，刘永好还从更大的范围为我们展现了保健因素，或者说是为我们拓展了保健因素的应用范围，其还可以作用在企业整体层面。企业作为社会当中的一分子，保证产品和服务的质量，就是保健因素。能不能做到这一点，事关社会对企业的根本认同。换言之，如果缺失了这个部分，用再好的激励因素做包装都无济于事。这也是刘永好低调务实、实实在在的逻辑所在。所以，真正实实在在，人和企业才能心安。

社会责任，实心实意

刘永好说，“既然是在做实业，那么就要实实在在造福一方百姓，帮助解决社会就业与社会公益事业问题，不要说一套做一套。”刘永好也在用实际行动来表达着他的社会实业理念，做实业，就是要对社会有所贡献。他认为作为民营企业，首先就是要把企业做好，企业做好了，就能多交税收，解决就业。从整个产业角度，新希望已经帮助了无数人就业和致富。除了税收、就业以外，在环保上，刘永好也在用实际行动做事，严格要求自己的企业。例如，新希望乳业和肉制品的废水排放，必须严格按照环保要求进行净化。各乳品企业都建立了污水处理站，从未发生乱排废水影响环境的情况。

而对于社会应急需要，刘永好带领新希望也是实心实意，走在前面。汶川大地震时，新希望是第一时间将救灾物资送达灾区的企业。地震当天晚上倾盆大雨，障碍重重，新希望克服困难及时把援助物品送到映秀。在抢运救灾物资的同时，刘永好带领新希望抗震救灾小组想尽一切办法，保证灾区食品物资的充足供应。在地震期间，新希望生产的食品出现了非正常抢购的情况，这也导致一些农产品价格一路攀升，而刘永好做出决策：对外销售价格不得高于地震前的价格，并优先满足政府用于救灾的采购。

震后的第一个除夕，刘永好带领同事与家人来到震源地映秀，为受灾群众送去汤圆、饺子、肉品等年货，刘永好亲自装卸、搬运、分发热腾腾的年夜饭，温暖着每一个灾区人民的心。

无论是纳税、就业、环保，还是应急需要，刘永好都用实际行动表达着他对社会责任的实心实意。这也让我们看到一个更加朴实、实在的企业家。而这种“实”，也本应是一个真正企业家的特质。

手比头高

1954 年德鲁克出版的《管理的实践》无疑是管理学的奠基之作，南京大学商学院赵曙明院长称，现代管理学的大厦正是建立在这部作品之上。但这背后的故事却鲜为人知。事实上，当德鲁克把书稿交给出版社时，出版社更希望德鲁克将书名命为《管理学原理》，因为这样还可以作为教材，会大大拓展书的销售量。但德鲁克拒绝了出版社的建议，依然坚持使用《管理的实践》作为书名，原因就在于，在德鲁克看来，管理是一种实践，其本质不在于知，而在于行。这句话今天几乎成为了管理的信条，而德鲁克也用实践证明，这部名为《管理的实践》的书历经半个多世纪，至今仍在全世界畅销。

这就是管理的要义——手比头高。把手举起来就会清楚，人的高度是由手来决定的，而不是由脑来决定。所以，只有实践起来，才能取得成果。无论是刘永好本人，还是赋予人格化的企业，“实”都是一切成果的基石。刘永好从一个小镇长大，到今天成为有代表性的中国企业家，新希望从一个小厂开始，到今天成长为行业著名的领先企业，靠的是“实”。事实上，很多人都知道怎样成功，只有成功者去做了。就像是今天，很多中国企业家都知道现在已经是年轻人的天下了，但真正把企业全权交给年轻人的屈指可数，刘永好算是其中之一。这看似简单，做起来则很难，从长远来看，企业家或企业能否真的可以称之为卓越，也在于能否持续做到这一点。当仅仅是知道而没有做到时，不论理由看似再充分，管理都是无效的，因为管理是以实践作为评价标准。因此，“实”意味着实践，意味着行动，而企业家和企业需要时刻保持警醒，是否做到知行合一。

第五章

环境：善于造势

义，利也。

——墨子

我们不要变成“空雨衣”，它让我们正视一件事：如何在较大的环境框架下，为个人的愿望与决策找到立足的空间。

——查尔斯·汉迪

这三十三个年头走过来，我们感觉到很幸运。幸运我们生长在大变革时代，我们这个时代正是国家改革开放的时代，没有这个改革开放不可能有我们，再大的本事都不行。

——刘永好

在论及环境和成败的关系时，管理学和心理学有一个共同的概念——心理控制源。根据成败的内部归因或外部归因，这个概念把个体分为两类，一类是倾向于内控性的个体，一类是倾向于外控性的个体。前者倾向于对成败进行内部归因，做成了是因为自己的实力，做不成是因为自己的不足。后者倾向于进行外部归因，即所谓的不以成败论英雄，成功是因为环境的功劳，失败了也不是自己的原因，而是因为很多外部环境的因素。

刘永好似乎让我们看到了一个混合体。对于刘永好做成的一些大事，似乎都有外部环境的重大助力，与此同时，这又体现了一种刘永好认知和驾驭环境的重要能力。这种外力与能力的合体究竟是什么？让人很好奇。通过对刘永好当前进行的重大事件的分析，我们认为是一种重要的“势”思想。

《孙子兵法》中讲“故善战者，求之于势，不责于人，故能择人而任势。……故善战人之势，如转圆石于千仞之山者，势也”。指善于指挥打仗的人，总是会依靠有利的态势，而不是苛求部属，所以总是能够选择适当的将领去造成有利的态势，当然，这种势的力量是极大的，有如从高山向下翻滚的巨石。刘永好的“势”与此有着相同的智慧思想，即善于造势。同时，刘永好的“势”跳出了彼此之战争、跳出了组织内部，呈现了更大的环境格局。这种格局让“势”的架构和价值更加明晰。

ASA100 的故事

澳大利亚当地时间 2014 年 11 月 17 日下午，《中澳企业间农业与食品安全百年合作计划谅解备忘录》在澳大利亚首都堪培拉国会大厦成功签署。

在中国国家主席习近平和澳大利亚联邦政府总理阿博特的共同见证下，ASA100 中方联席主席、新希望集团董事长刘永好和澳方联席主席、福特斯克矿业集团（FMG）董事长安德鲁·弗瑞斯特（Andrew Forrest）作为双方代表正式签署该项协议，“中澳企业间农业与食品安全百年合作计划”（简称“ASA100”）正式启动。谅解备忘录确定了双方合作的主要领域：①在澳大利亚基于环境可持续发展的土地资源开发及作物生产、畜牧业生产及畜产品加工、经济作物产品开发、近海海产养殖及远洋渔业、特色食品加工等领域；②在中国包括农产品物流与供应链管理、有机农产品生产示范、安全食品生产技术推广、农产品销售等领域。

“ASA100”是刘永好和弗瑞斯特联合发起的民间非营利性平台组织。其网站（www.asa100.net.au）显示着中澳双方发起人的两段话语。中方联合主席刘永好的一段话是：

“澳大利亚当前政商界的农业领袖希望通过采取果断措施，展现出一个团结、高度合作的产业，为中国提供清洁、绿色和安全的高品质农产

品，这将使中国消费者大为受益。”

澳方联合主席弗瑞斯特的一段话为：

“我的梦想是扭转澳大利亚农业走向夕阳产业的局面。未来一代从事农业的澳大利亚人应该清楚地看到澳大利亚农业明朗的未来。”

可以看出，“ASA100”，对于中澳双方、消费者和企业，都是一件极有意义的事。

在此之前，2014 年 9 月 17 日，“ASA100”中方成立大会在北京举行。中国农业部部长及新希望集团、中粮集团、娃哈哈集团、联想佳沃等近 50 余位中方企业代表，澳大利亚农业部长巴纳比·乔伊斯（Barnaby Joyce）和澳大利亚福特斯克矿业集团（FMG）董事长安德鲁·弗瑞斯特等 60 余位澳方政府及企业代表，中国投资有限责任公司、中国国际金融股份有限公司、中国银行、中国农业银行、摩根大通、澳新银行等多家国内外金融及投资机构代表，以及业内的专家学者共同见证了大会的成立。

刘永好在现场表示：

“新希望集团作为有三十多年历史的大型民营企业集团，自 1999 年在海外开设第一家工厂起，已在走出去的道路上积累了很多经验，也深知企业在海外发展道路上抱团取暖的重要性。因此，我与澳大利亚知名企业家 Andrew Forrest 联合发起成立这个中澳企业合作平台组织，也是考虑到产业链上下游联动，努力形成走出去的集群效应。通过这个计划，可以建立更加有效的沟通联系机制，民营企业可以与不同所有制的企业强强联合，实现抱团‘走出去’或借船出海，提高对外投资的针对性、可靠性，降低投资风险。今天特别值得纪念，我们共同搭起一座桥，共同推动农业发展。”

弗瑞斯特在现场表示：

“衷心感谢中方农业部部长和澳大利亚 Barnaby Joyce 部长的支持和出席。还要特别感谢 ASA100 中方联合主席刘永好先生，为打造这样一个平台而努力。我希望大家能够携手增进中澳两国人民的友谊和合作，利用这一双边农业交流合作平台，使澳大利亚农业产业得到长足发展，同时也让中国人民不再为食品安全担忧了。”

从“ASA100”中方成立至中澳双方签署备忘录，中间历时两个月。

在“ASA100”中方成立的两个月之前，“ASA100”澳方成立。在 2014 年 4 月博鳌亚洲论坛期间，李克强总理鼓励并支持 FMG 集团董事长弗瑞斯特发挥他对中澳长期战略合作，尤其是在大农业与食品领域合作的想象。

FMG 是谁？博鳌亚洲论坛官方网站用“新兴企业，朝气蓬勃”来形容这位博鳌亚洲论坛的“钻石级合作伙伴”。自从 FMG 集团在西澳大利亚皮尔巴拉（Pilbara）地区发现世界级铁矿石资源那一刻起，就改写了整个行业的历史。FMG 自 2003 年创办以来，已从普通探矿企业，发展成为全球第四大铁矿石生产商。FMG 意识到亚洲的巨大潜力，随着亚洲的经济规模与实力的不断发展，FMG 也在取得同步增长。FMG 作为标普 / 澳交所 20 股票指数成员现已成为铁矿石生产及海运贸易领域无可置疑的世界领袖之一。

2003年创立，短短十余年时间成为全球第四大铁矿石生产商，并拥有全球速度最快、载重量最大的铁路网络，博鳌亚洲论坛官方网站用“史无前例”来形容FMG的增长速度。这种高速增长的来源，对于FMG而言，跨国合作必不可少。2006年，FMG的首座矿山断云开工建设，与此同时，连接断云与黑德兰港及艾丽特港世界一流设施的256千米铁路也开始铺设。FMG在两处枢纽地区建设了四座矿山，总年产能达到1.55亿吨。FMG继续发展与亚洲合作伙伴的密切关系。其自2008年5月将第一批铁矿石运至中国最大的钢铁企业宝钢集团以来，已累积供应中国市场3亿多吨铁矿石，不断满足我国日益增加的市场需求。

FMG的成功进一步加强了澳大利亚与亚洲合作伙伴，特别是与中国合作伙伴的贸易投资关系。湖南华菱钢铁集团2009年对FMG的投资已成为中国在海外资源领域开展投资的成功范例，目前是FMG的第二大股东。FMG与亚洲合作伙伴采用双赢合作战略。公司将产品出口至亚洲，特别是中国，而公司发展扩产所用的原材料设备则来自亚洲，其中很大一部分来自中国。FMG承诺赞助博鳌论坛，表明其极为重视保持并发展与亚洲人民的对话和关系，而澳大利亚与FMG都是亚洲的一分子。

在博鳌亚洲论坛2014年年会的若干年前，2005年4月中澳自由贸易协定谈判启动。2014年11月17日新华社发出题为《中国与澳大利亚实质性结束自由贸易协定谈判》的快讯，中国国家主席习近平与澳大利亚总理阿博特 17 日在堪培拉举行会谈，双方共同宣布实质性结束中澳自由贸易协定谈判。2015 年 6 月 17 日，《中华人民共和国政府和澳大利亚政府自由贸易协定》正式签署时，新华社这样评价这次实质性谈判对于“谈判 10 年”的意义：

“中澳自贸协定谈判于 2005 年 4 月启动，历时十年。经过双方共同努力，国家主席习近平 2014 年 11 月对澳大利亚进行国事访问期间，与澳大利亚总理阿博特共同确认并宣布实质性结束谈判。此次协定正式签署，为两国分别履行各自国内批准程序、使协定尽快生效奠定了基础。”

“ASA100”的正式启动成为新格局下推动两国农业与食品领域合作的实质性举措。

高屋建瓴的“势”思想

“ASA100”涉及不同国别、不同行业的大量领先企业，要调动其中任何一个元素都非易事，作为中方的发起人，刘永好是如何顺利促成此事的呢？

在采访新希望集团董事副总裁唐勇时，他讲到：

“大企业家一定是政治家。一个企业长久地发展，虽然不要去投靠某种政治势力或者说去一定和某个官员搭上关系，但是对政治发展格局和大势的研判这个是非常重要的，这是一个企业家的基本眼光和素质。我认为刘总这一点是超出常人的。你看我们做的这些业务，实际上经常是高屋建瓴，从上往下来做的。”

唐勇的这番话为问题解答带来了重要启发，尤其是其中的一个关键字“势”，这在某种程度上反映出刘永好与众不同的思维视角。当然，如唐勇所说，这里的“势”并非指要完全依靠某种政治势力，而是一种高屋建瓴的“势”思想。

带着这种启示，回到“势”字上来。“势”有不同角度的释义，如果从造字本身来讲，“势”的繁体字为“勢”，“埶”意为“在高原上滚球丸”，“埶”与“力”联合起来表示“高原上的球丸具有往低地滚动的力”。这意味着，球能否滚动，要有一个关键高点。高屋建瓴，事物就容易推动，这就是一种重要的“势”思想。从“势”的简体字面来看，在这种“势”思想下，执行才能有力、顺利。刘永好的管理实践中就恰恰蕴含着这样的“势”思想。

从“ASA100”的形成过程中可以隐约看出一些“势”的色彩，国家的大力支持，为事态的推动起到了重要作用。透过对刘永好的深度访谈，这种“势”的作用被呈现得更加清晰，同时笔者也发现刘永好“势”思想的内涵要比这更为丰富，当中嵌套着不同层次的“势”，从而形成一种体系，这也呈现了刘永好思考的严密。按照更为体系化的思考，在探索刘永好是如何促成此事之前，还要弄清楚刘永好做此事的初衷。

刘永好在采访中强调了当前新希望集团在做的三件重要事情，刘永好将之概括为“三化”，包括变革创新互联化、国际化，以及产业结合金融化。由此，国际化无疑是新希望的一件要事。当然，新希望早在二十多年前就在海外做投资，所以国际化对于新希望而言并非一个新词语。但今天新希望更加强调国际化的重要性，其不仅仅是一件事情，更是一件要事，这种要事表现为新希望在三年前提出的“加大国际化步伐”。在加大国际化步伐的任务进程中，一方面是进入到发展中国家，新希望在此之前已经有了一定的探索；另一方面，也包括进入到发达国家。对于发达国家，怎样进入？这是嵌入在“ASA100”实践中的第一层任务。

但刘永好的管理实践却没有停留在这一层面，而是把事情又提高到另一个层面。为了完成这一任务，他把新希望自身与发达国家合作的任务上升至第二层，即众多企业之间的合作。所以，在谈及新希望向澳大利亚发展时，刘永好表达了这样的想法：

“我们能不能联合中国的一些企业一块去做一些农业产业园，进行纵深的投资和发展，这样联合发展成本低。联合发展可以得到所在国的重视，也能得到中国政府更多的支持。而且联合发展的话，能够减少很多不必要的烦恼和问题。于是，我就联合了数十家中国的企业，他们愿意到澳大利亚，我们建立了一个非政府机构，称为‘中国澳大利亚农业合作百年计划’。同时，我又找到澳大利亚的一些企业家和农业企业，他们愿意来中国做生意，愿意跟中国合作，一些商人也建立了一个‘中国澳大利亚农业及其食品安全百年合作计划’在澳大利亚的分部。这样的话，就有了中国澳大利亚农业百年合作计划。大家推荐我来做主席，澳大利亚也推荐当地非常有影响力的企业家做主席。”

这时的国际化发展，就已经不是新希望一家企业的事情，刘永好把新希望自身发展的问题转化为诸多中澳企业共同发展的问题。做成此事，有利于每一个企业个体，从而上升为一种更为重要的集体利益。

这当中蕴含了刘永好高屋建瓴的“势”思想，自上而下，把新希望的事情提升为众多企业的事情，事态则容易推动，如果众多企业的事情得以解决，新希望自己的事情则迎刃而解。那诸多企业的共同事情又何以确保更顺利地实现呢？

这是诸多企业间的合作，从更高层面来看，更是一项国际间的合作。为了顺利推动第二层面的任务，此事又被提升至与国家战略层面的契合，可以视为最高层面的任务。刘永好在访谈中讲到：

“有了中方主席和澳方主席后，我们把这件事情报给了中国的农业部、国家发展和改革委员会、外交部和商务部。结果得到他们高度的认同，他们觉得这非常符合国家的‘一带一路’和‘走出去’战略。同时又跟中国互补，这样是很好的。在这样的格局下，我们在去年10月份，习主席访问澳大利亚的时候，由12个中国企业家举办了一个中国澳大利亚CEO峰会。我们讨论了中国澳大利亚经济互补、中国澳大利亚投资的机会，习主席还在会议上做了发言，阿博特总理也做了发言。习主席对中国和澳大利亚这种互补合作给予了很高的期望。他认为这对两国国家有利、对两国人民有利、对两国的企业家有利。所以我们跟澳大利亚签订协议，习主席和阿博特总理给我们见证这个签约。这个级别是最高的，国家的元首见证签约，代表国家支持我们的联合，在澳大利亚进行投资，国家支持我们的活动。”

对于这种做法的关键性，不妨从反面来认识。如果不事先上升到这样的国家高度，而是企业之间私底下的操作行为，这个过程可能会耗费各方大量的精力和资源，但结果事情可能也未必做成，造成极大的浪费。正如新希望集团董事副总裁唐勇在访谈中对这种“出手”的形容：

“在这样一种大的格局下，我们来推动两国农业领域的企业的这种合作。你看这个出手就不一样。因为有这样的格局和框架支持，就很顺利。这就不是小打小闹的说我们找个项目来谈谈，谈两天可能被对方政府控制了，说不行，这是我们国家资源，不给你。前两年曾有国企弄着弄着就被人家以国家安全为理由就给否定了。”

当构建起自上而下的“势”时，成果就开始落地。刘永好举例，“在这个格局下，我们加大了在澳大利亚的投资和合作发展。这两年下来我们首先在澳大利亚投资收购了一个澳大利亚的牛屠宰企业，这是在澳大利亚排名第四的一家公司，我们是用集团和我们国际投资基金的方式收购的，是 100% 全资收购。”此外，新希望集团开始和澳大利亚第一大和第二大的牧场以及一家牛奶加工厂共同组建合资公司，在澳大利亚去建万头牧场，寻找新鲜奶源。在这种大“势”之下，这些一个个的具体国际化合作项目都变得更加容易落实。

通过上层任务来解决下层任务，从企业个体层面、到企业群体层面、再到国家层面，三个层面建立起两股重要的“势”。从国家层面到群体层面，群体问题顺势而解，从群体层面到个体层面，个体层面顺势而解。刘永好正是通过构建这样一种“势”的体系，让目标得以顺利实现。

“势”的相对论

刘永好高屋建瓴的“势”思想解释了新希望是如何逐步开展澳大利亚的国际化之路的，与此同时，另外一个问题也值得探讨，为什么选择澳大利亚?

刘永好在访谈中谈及此事时，曾多次使用“认真研究”和“比较优势”这两个词语，前者表达了新希望对于市场的深刻理解，这无疑是驱动新希望战略选择的重要动力，而后者则交代了战略合作方对新希望的关键吸引力。因此，如果从整体上来回答，很重要的原因是，澳大利亚存在新希望所期望的比较优势，这种比较优势可以帮助新希望满足未来的市场需要。

近年来，随着社会经济的快速发展，工业化、城镇化的深入推进，城乡居民收入水平的明显提高，我国居民消费方式发生显著变化，消费结构正加速转型升级，对食品的要求由“吃得饱”“吃得好”向“吃得健康”“吃得安全”转变。新希望集团洞察到这样的转变，如刘永好所说：

“我们认真研究，发现近几年中国人民生活水准提高了，对吃的要求高了。吃的要求表现在质和量上，量基本上都满足了，现在中国的生产是足够供应的；另外一方面，高端的一些肉类产品、奶类产品，比方说牛肉、羊肉，以及三文鱼、金枪鱼、龙虾、对虾等海洋产品，中国需求越来越大，而中国人也非常愿意消费这些产品。”

尽管市场上已经出现这样的需求转变，但是我国农业及食品领域对于满足国内消费者需求而言，依然存在一定的问题。在食品供给方面，以牛羊肉为例，近十年，我国人均牛羊肉消费增长 51.8%，牛羊肉消费已经从少数民族消费为主变为全民性消费，从季节性消费为主变为全年性消费，未来牛羊肉供给压力会进一步加大。另外，食品安全成为我国食品行业的焦点问题和民众关心的头等大事，就总体情况而言，我国食品安全状况稳定向好，但依然存在不少问题。

在这样的背景之下，如何做到刘永好所讲的满足消费者吃的“质”和“量”的问题，同时又能保证新希望的经济效益？这个问题的背后暗藏着重要的经营原理，如同新希望六和 CEO 陈春花的一个观点，经营的本质在于在满足顾客需要的同时让自己赢利。做到这一点非常不易，当然，能否做到这一点也在一定程度上检验了企业经营的有效与否。从刘永好的管理实践来看，解答这一问题有一个简单明晰的视角——比较优势。

刘永好所指的比较优势，是兼顾成本与质量的考虑。刘永好在比较各方的过程中目标明确，他要寻找的目标方要同时符合成本和质量的双重标准，理想的标准自然是既拥有较低的生产成本，同时也拥有较高的产品质量，这是更为完整的比较优势。事实上，高质量与低成本之间的高低之差会让这种比较优势更加明显。相比其他各方，这种高低反差越大，比较优势就越突出。

在比较优势的概念上，质量、成本是高是低，两者高低反差是大是小，关键词在“比较”二字上。尽管中国拥有大量的土地资源，尽管习惯上不少人认为中国的劳动力成本并不高，如果从这个角度，土地成本、人工成本这些能否称为中国的优势，则并非绝对。能否称之为优势，还要通过比较获得，否则就是对成本优势的误解，也就难以做出恰当的决策。刘永好的管理实践正是建立在这样的比较基础之上，通过比较也带来了新的发现，刘永好说：

“我们所做的研究结果发现，在澳大利亚买一亩地，跟在中国一亩地租一年的价格是相当的。换句话说，我用1000元多一点，在中国只能租一亩地用一年，而在澳大利亚是永久的，而且还有水源，且是基础设施非常好的地，这也决定了它的农业比较优势。牛、羊这些要草、要地，显然我们中国是不够的，所以我们开始在澳大利亚做一系列的投资。第二个我们发现澳大利亚牛、羊质量好，价格相对来说比较低，有很大的竞争优势。另外在澳大利亚养奶牛，产的奶质量好，价格也特别便宜。”

在这样的比较优势判断之下，刘永好对于政治形势的判断进一步成为选择澳大利亚的助推剂：

“我们认真研究发现，中国和澳大利亚谈自贸协议谈了10年了，有可能最终就要签署了，在自贸协定以前，由于关税高及方方面面的原因，澳大利亚的很多产品是不太容易卖到中国的。但是自贸协定以后，这些关税大幅度降低。而中国和澳大利亚具有巨大的互补性，于是我们把澳大利亚作为我们建高端动物蛋白的供应国和生产基地的目标。于是，我们就到澳大利亚去考察，到新西兰考察，然后经过多轮考察、多轮讨论、多轮谈判以后，我们发觉澳大利亚的土地太大了，机会太多了，完全可能帮助我们形成中国未来在高端动物蛋白、在水果、在某些产品方面最大的库存。”

在这样的背景之下，刘永好开始联合诸多企业一同到澳大利亚发展。

澳大利亚具备比较优势，同时顺应了中澳关系的时局，由此成为恰当的选择。这个过程呈现了刘永好清晰的思路和目标导向，引导着新希望向更具备优势的方向发展。通过比较发现真正的优势所在地，并努力推动自身向这一优势所在地前进，这正是刘永好比较优势的逻辑思维。

纵向高屋建瓴，横向比较优势

高屋建瓴的“势”思想及“势”的相对论，综合表达了刘永好做事的独特“势”角。通俗地讲，管理就是在做事。这个做事体现在两个层面：一是做对的事情，只有做对的事情，才能保证做事的效果；二是把事情做对，以提高做事的效率。综合起来，管理就是要把对的事情做对。综合来看，刘永好在做“势”的管理实践中蕴含着这样的“二维势角”：纵向高屋建瓴、横向比较优势，这种“势”角契合了管理的本质，也因此能够在管理实践中富有成效。

彼得·德鲁克讲企业只有一个目的，就是创造顾客。这无疑也是刘永好带领新希望在做的事情。中澳企业间农业与食品安全百年合作计划的建立，也无疑会帮助新希望乃至更多的中国企业打开一扇创造新顾客的窗户。纵向上高屋建瓴，体现了刘永好做事的格局，做这件事情有利于国家，有利于企业自身和中国企业，更有益于百姓的生活。

这种格局之大，实际上突破了以往管理学中所讲的利益相关者的概念。相比之下，利益相关者看起来距离企业自身更近，同时在一定程度上更多是在横向地看问题，如关注供应链上的伙伴和消费者，刘永好则在此基础上从纵向上进一步拉大了事情的格局，让事情变得更为长远。契合国家战略，得到国家层面和企业群体层面的认可和支持，这就形成了一股强大的“势”，从而更利于事情的推动。

因此，纵向上的“造势”，实际上是指做事的高度，这就要求领导者应当站得高、看得远，这样事情的价值才能更高，才能引入高层次的参与者进来一起做事。

管理学中谈优势，常常和竞争联系起来，如迈克尔·波特的竞争优势理论。刘永好的管理实践则提供了另外一个视角，优势不仅仅可以拿来竞争，还可以用以合作，合作的基础则是互补，而互补的根源则是存在比较优势。在比较优势的前提下，对于我们所以为的我们的优势，可能存在更具优势的一方，这时相比之下我们的优势就不再是真正的优势，而从更好地做事情的角度出发，找到更具优势的一方进行合作则能够进一步提升做事的效率。

刘永好选择澳大利亚，一方面是中澳双方都有合作的意愿；另一方面，更重要的是从比较优势的角度，双方优势互补，都有各自的比较优势，从市场的角度来看，中国拥有庞大的消费市场，这种优势是令世界所有国家所向往的，从生产的角度来看，澳大利亚则拥有更为低廉的原料成本和更优的品质，这是值得新希望等中国企业去利用的。双方的结合体现了中澳双方在市场和生产方面的优势资源整合，比较优势与比较优势的互补结合，无疑会创造出更大的优势。

因此，优势不仅仅有“竞争论”，还存在“相对论”，帮助企业在实践中整合优势。除了国家层面的比较优势外，刘永好在微观层面对比较优势的看待也值得借鉴。过往在提强强联合时，从行业的角度考虑得比较多，所看的优势更多的是体现在行业上。例如 A 企业与 B 企业联合，或存在行业直接关联，如两家企业可能是同行，彼此有各自吸引对方的行业优势，联合提升了整体的实力；或存在行业间接关联，如制造者和销售商联合，彼此会关注双方在制造行业和销售行业中的实力，最终联合进一步提升了各自在自己行业中的地位。这时，合作的边界其实是在行业所圈定的视域范围内。

新希望集团与福特斯克矿业集团，一个农业一个矿业，从行业的角度来看，两者看似风马牛不相及，但刘永好之所以能够突破行业边界，在于他所持有的更本质性的视角。毫无疑问，新希望集团和福特斯克矿业集团在各自行业都具备一定的优势，但这还不构成双方合作的理由。可以看到，福特斯克矿业集团的高速成长有一个非常重要的来源，它具有很好的资源整合能力，受益并乐于继续进行国际合作，这是促成合作的重点。在采访新希望六和 CEO 陈春花对刘永好的印象时，她提到刘永好具有很好的资源整合能力。对于新希望集团与福特斯克矿业集团，刘永好能够去整合具有整合能力的资源，充分证明了刘永好的这一点。当然，这从另外一面也体现了对方很好的资源整合能力。由此，“ASA100”实质上是新希望集团的资源整合能力与福特斯克矿业集团的资源整合能力整合在一起的体现，所以才有了中澳双方上百家领先企业的整合。

因此，横向上的“造势”，实际上是指做事的宽度，这就要求领导者对自身和合作者优势的认知要更客观、更深刻，这样才能发现其中的比较优势，才能让彼此的资源更容易整合在一起。

回到“势”的原意上来，对于球的滚动，在纵向和横向的双重之势下，球在坡面上便能更为顺利地滚动。一方面，纵向高屋建瓴，事情得到自上而下的推动，事情在顺势而为；另一方面，横向优势整合，整合的力量进一步加速了事情的推动，让顺势而为的事情变得更加顺利、有效。因此，纵向的“造势”决定了事情本身的合理性并为事情的推动提供了自上而下的动力，而横向的“造势”则进一步为推动事情发展提供了强大的水平动力，这种二维“势”角下的“造势”过程，有助于领导者找到对的事情并且把对的事情做好，从而获得管理的成效。

从点滴之势做起

刘永好管理实践中蕴含的“势”的二维管理思想，符合了“势”的汉字本意，同时也契合了管理的内涵。由于“势”的词组较多，这种更契合“势”字本意和管理含义的“势”思想当然不能生搬硬套在所有的词组中。因此，有必要对可能的一些误解做出解释，例如，管理的“势”思想是否含有“强势”的意思？刘永好的管理实践中呈现了许多顺势而为，但面临逆势怎么办？顺势可以增长，同样也有逆势增长的情形。

“势”的有效管理实践会为事情的推动带来强大的动力，但这并不等同于“强势”。“强势”往往用于形容一个人的处事风格或态度，访谈中刘永好在被问到如何形容自己的管理风格时，刘永好讲到，“其实我不是一个特别强势的人，我还是一个比较尊重、懂得分享和比较柔性的人。就是说首先你不是要把人压着，强迫别人去做，而是让人家觉得愿意高兴这样做，我觉得才好”。“ASA100”的顺利推动，更不是因为某种强势，而是因为刘永好发起的这件事情意义非凡，才让更多人愿意一道完成这件有价值的事情。因此，管理之“势”的重点在于“事”的价值高低而不在于“人”的强硬与否。

管理的“势”思想中包含了“顺势”的意思，事情在“顺势”之下更容易取得进展，但如何解释“逆势增长”？两者是否存在矛盾？事实上，两者并不矛盾，运用“势”的相对思想，“逆势增长”是可以通过“顺势”来解释的。企业会不可避免地面临“逆势”，例如行业环境不景气，甚至金融危机。陈春花的《冬天的作为》、菲利普·科特勒的《混沌时代的管理和营销》，以及吉姆·柯林斯的《选择卓越》，都对逆势增长的原因给予了同样的解释，原因在于这些企业的基础扎实，他们居安思危、未雨绸缪，平时就做好了充分的现金准备，因此危机来了可以顺利应对。由此可以看出，尽管不同企业面临着同样的环境，但是同样的环境对于不同的企业而言却是不同的。

危机来临时，对大多数没有做好充分准备的企业而言，危机便是“逆势”，但对于少数可以未雨绸缪、训练有素的企业而言，相对优势便体现出来，这种被其他企业认为的“逆势”则变成了自己的“顺势”，因此，会在危机中有更好的表现。也因此，危机对于有些企业而言是危险，而对于有些企业而言则可以变成一种机会。反之，即便是面临同样的“顺势”，这种“顺势”也会因为企业自身的不足而变成“逆势”，也因此，并不是“顺势”之下所有的企业都可以成长。这与企业自身存在一定关系。所以，在这一点上应该明确，是“顺势”还是“逆势”，实际上是由企业自身创造的。而对于新希望集团而言，面对任何“逆势”，其准备正是刘永好所说的 30 年积聚的坚实基础，即新希望的品牌和信誉，政府、社会和市场的信任，新希望人的积极向上，以及强大的经济实力。

此外，有人可能存有这样的疑惑 :“ASA100”是刘永好现阶段在做的事情，这个阶段的刘永好和新希望集团已经拥有巨大的影响力，自然更容易“造势”，而这种顶级的企业家也自然更容易展现出“政治家”的色彩，因此，这个“势”是针对大企业和顶级企业家而言的，对于小企业和大众而言并不适用。

不可否认，对于小企业和一般的创业者而言，很难创造出像刘永好所造的如此大的“势”，但这不代表他们不能够造势，不能利用“势”的原理来帮助自身成长。无论是新希望集团还是刘永好，都是从小企业和一般的创业者成长而来的，而如果观察刘永好及其企业的成长实践会发现，早期刘永好也在运用一些“势”的实践。

创业初期，刘永好兄弟曾有骑自行车到处收种蛋的经历。通常的做法是骑着自行车在村子里挨家挨户问，但刘永好发现这样的做法效率太低，他会先找到当地的兽医，通过兽医来了解哪家有种蛋、有几只种蛋，然后自己再去收购。创业初期刘永好也有跑各地市场销售鹌鹑蛋的经历。20世纪80年代的形势与现今相差甚远，市场监管人员对“投机倒把”保持一种警惕。异地销售无疑是一件难事，但刘永好却成功地将此化解。刘永好带着45箱共60 750个鹌鹑蛋从成都坐汽车到重庆，刘永好对市场监管人员讲，“我们是良种场的，是支援农业的项目，到重庆是去推广良种鹌鹑，把成都这边好的技术推广到重庆去”，市场监管人员觉得非常有道理，对于这样的好事必须给予支持，由此刘永好顺利地打开重庆市场。这些做法实际上都蕴含了一些“势”的原理，帮助刘永好把事情处理得更为顺畅。由此，“势”并不是“大企业家”或“政治家”的专利，而是一种恰当的管理做事方式，是可以被更多企业和大众采用的。

刘永好的“势”思想在某种程度上来源于儿时父亲的启蒙，父亲对政治的敏感和对时势的分析，潜移默化地影响着刘永好，1979年他父亲病逝前夕反复对刘永好兄弟讲的一句话是“时代开始变好了，机会难得，你们要珍惜，要好好把握”，从某种程度上，兄弟们创业进入农业，也是得益于时代的趋势。因此，不仅仅更多企业和大众可以使用“势”，而且“势”是可以习得的，并且可以不断积累的，“势”的运用可以带来成长，在成长的过程中可以创造的“势”也在不断变大。小企业和创业者从现在开始就可以学着善于用“势”，当成长到新希望和刘永好的阶段时，也会创造出同样甚至更大的“势”。这种意识对于小企业和创业者的成长无疑是非常重要的。因此，任何企业和个人都可以尝试去学习并运用“势”，并收获其所带来的成效。

第六章

组织：“和”文化伴随企业成长

人能群，彼不能群也。和则一，一则多力，多力则强，强则胜物。

——荀子

获取真正持续竞争优势的唯一来源是我们所谓的组织能力。

——戴维·纳德勒

分开发展还是亲兄弟。

——刘永好

从养鹌鹑开始，刘永好几兄弟用了十年的时间打造出中国最大的农业企业。这背后的力量，正是“和”。“和”是中国的文化，是新希望的文化，是刘永好家庭的文化，也是刘永好长久以来的习惯。从来源上看，刘永好的“和”的不同之处在于，他的“和”似乎是“天生”的，从亲兄弟就已经开始。“和”文化一直伴随着他的成长和企业的成长。他领导开创的“公司＋基地＋农户”的农业产业化生产模式将“和”文化体现得淋漓尽致，为实现“世界级农牧企业”的目标奠定了扎实的根基。

兄弟之和：凝聚合力

兄弟之和更多地源自刘永好成长的家庭，父母、兄弟、妹妹陪伴刘永好度过了美好的童年，尽管物质生活艰苦，但彼此的温暖却让一家人充满了和谐和快乐。而刘永好兄弟的成长过程中，父亲因为客观原因事业不断受到打击，但却没有因为自己命运的波折而影响对孩子们的正向教导，这更加培养了兄弟们的共同精神，不怕吃苦。他们的共同精神也为他们日后一起创业和打拼奠定了基础。刘永好母亲的性格温和，给家庭增加了许多温暖，是重要的精神后盾。当受到外界的各种打击时，一家人都会通过互相扶持的方式来共渡一次次的难关。这就是刘永好的"家和"，也成为日后兄弟们处理彼此关系的基本原则。

以共同的事业心为基础

改革开放后不久，刘永好的父亲就去世了。因为自小形成了"家和"，刘永好兄弟的凝聚力并没有因为父亲的去世而降低。因为都已长大成人，兄弟们每次回家探望母亲，都会一同畅谈大家的未来和理想。而这些年轻人在一起，越谈越有激情。父亲从小培养了兄弟们阅读的习惯，通过《参考消息》，兄弟们不断了解外面的世界。兄弟们从小也目睹了时代的变化对于父亲的影响，因此，他们对环境也保持了一份敏锐。但对于长大成人的兄弟们而言，不一样的是，他们迎来了改革开放的新时代。于是，他们萌生了创业的想法。

兄弟们从儿时的兴趣和大家的技能出发，于是最先想到的是电子产品行业。他们变卖手表、自行车等凑够了一定资金，用他们的技能亲手制作了一台非常漂亮的音响：声音好、价格便宜，他们对市场有了信心。为了克服当时不允许农民办企业的障碍，兄弟们想到了和生产队合作的方式。生产队很高兴，表示愿意合作，但报到公社，却遭到了公社书记的反对，认为是走资本主义道路。现在再来看这段并不成功的经历，在一定程度也能分析出为什么后来刘永好会有很好的自上而下的势思想。尽管这个创业的萌芽没有成长起来，但却坚定了兄弟们共同的事业心。

在业务选择上进行集体决策，体现团队智慧

这次事情之后，兄弟们逐渐意识到农村本身就是改革开放触及的地方，当时家在农村的老三陈育新（刘永美）[1] 对此感受最为强烈。四兄弟的创业，起点正是从新津县古家村开始的。“工业不让做，城里不能做，而农村农业的发展很不错，尝试一下应该不错”，这是刘永好当时的原话。于是，刘永好开始了和兄弟们的共同探讨。老二刘永行认为，农民最大的优势是在种什么养什么的问题上有很大的自主权，另外，受限于生活条

[1] 刘永美两岁时，因家庭生活困难，被过继到陈家，后改名为陈育新。——编者注

件，吃肉仍然是一种奢侈，在肉食品行业应该有很大的需求和潜在市场，而要形成具备一定规模的肉食品生产，养殖业中当属育种。通过兄弟们反复的讨论，良种场成了大家的创业首选。

患难与共，既克服困难，又提升凝聚力

共同决策之后，兄弟们就开始一起做事了。于是，1982年，大家一起建立了良种场。但面对当时"政府不给钱，银行不给钱"的局面，资金依然是难题。兄弟们想了一切可能的办法，凑了一千元钱，外加陈育新在农村提供的场地，这就构成了他们创业的原始资本。但仅靠这些资本还不够，养殖产业运营还需要厂房和设备的配套。这时，大家又在一起想办法共同克服这一难题。

大家决定一起建"豪华厂房"。兄弟们打头阵，并请了村民们来帮忙。于是，靠着大家共同的努力，以及农村特有的独轮手推车、扁担、箩筐等工具，村里第一个混凝土屋顶的房子就产生了。兄弟们继续并肩作战：农业专业背景的陈育新和机械专业背景的刘永好负责机械，大哥和二哥凭借电器技能负责设备的电气控制部分。就这样，第一台孵化机就此诞生了，大哥和二哥还为机器安装了用于控制孵化温度的电子报警系统。兄弟合力之下，一个个困难被逐一攻克。

在持续的共同努力下，事业很快也得到了回报，养殖场孵化鸡和鹌鹑的数量均突破万只，并带出了十余个专业户，在推动事业起步的同时，还

带动了身边的人致富。

尽管如此，紧随而至的“灾难”又让兄弟们陷入极大的困境。1984年，他们接到了一张两万只鸡的订单，交出首批两千只鸡后才得知，这些鸡因为该个体户的运输不当全部死在途中，而他们收到的竟然是空头支票。接下来，一万八千只小鸡即将孵出，与此同时，为了接下这一大单，兄弟们还欠了农民们收购种蛋的钱。这时，他们几乎到了绝境，甚至想过跳岷江。现在来看，刘永好的稳健经营在一定程度上也和这段经历有关。尽管当时兄弟们已经到了绝境，但再度商量之后，毅然决定，再难也要一起困难克服，必须把钱还给农民，妥善处理好问题。仍然是在大家的并肩作战之下，一连十几天，起早贪黑，兄弟们用连夜编制的竹筐一筐一筐地把小鸡全卖完了。

组织行为学中有一个描述个体差异的概念，即自我效能，它反映了一个人做事的信心。对于一些人而言，遭遇挫折和失败会降低人们的自我效能，会让人质疑自己的自信心。但刘永好兄弟则呈现了另外一面，挫折和失败非但没有降低他们的自我效能，反而进一步激发了他们的斗志，面对打击，越战越勇。与此同时，组织行为学在描述群体动力时有一条规律，对于一个好的群体或团队而言，来自外部的挑战会强化他们的内聚力。而刘永好兄弟也用实践印证了这一点。所以，“灾难”过后，刘永好兄弟并没有气馁，更没有沉溺的过往的不顺当中，而是更为团结，并且决心更为扎实地把事业做强。1986年，育新良种场已经成为名副其实的鹌鹑大王，其鹌鹑蛋畅销全国，还走向了世界，也是同一年，育新良种场改名为"希望"，这两个字足以显现兄弟们心中的希望、梦想及信心。多年以后，刘永好还说道，"过去的成功是靠勤奋，靠努力，靠脚踏实地和历史机遇"。对于早期的刘永好兄弟来说，兄弟间的各有所长，结合"和"的家族文化，让他们的创业之路愈加稳固。中国人常常讲"有福同享，有难同当"，事实上，有难同当不仅仅可以换来幸福，更重要的是，有难同当还可以提升大家彼此的凝聚力和信任。

顾客之和：互惠互利

刘永好的兄弟之和让事业不断克服困难。而大家共同的合力其实最终都是为了更好地贡献顾客，这也是稳固事业的基础。这就赋予了"和"新的内涵，从"与家和"到"与农和"。

用品质树立顾客心中的形象

从创业开始，刘永好兄弟就努力通过研发来保证产品和服务的品质。他们通过改良鹌鹑品种、重新调配饲料、更新养殖标准等方式提高鹌鹑的成活率，通过模具、笼具等养殖设施的改善也使鹌鹑的养殖流程得到进一步优化。加上养殖规模化带来的养殖成本走低趋势，极大地吸引了地方上的零散养殖户。不仅如此，育新良种场还能提供鹌鹑饲料，并给予全面的售后技术服务指导。比如，兄弟们根据自己养殖鹌鹑的经验共同编写了不少服务手册。内容涉及如何扎养鹌鹑的笼子，如何把鹌鹑蛋装箱以免运输时碰坏，甚至鹌鹑生病时该吃什么药等都可以找到相应的解决方法。这说明他们又给这些零散养殖户提供了最强大的保障，从而不断激励地方养殖户投身养殖产业。事实上，对当时的刘永好来说，给自己带来的经济效益还是其次，关键是在农民、老百姓心目当中确立的形象。

与此同时，刘永好兄弟就抱着技术放开的态度，把自己潜心研究出来的养殖技术无偿地推广给周围养鹌鹑的人，带动周围人去养鹌鹑，为他们分析养鹌鹑的优势。这种做法无形中也让刘永好兄弟受益。整个行业不断变大，即鹌鹑养殖和消费市场的不断扩大，使刘永好兄弟成为开拓行业的英雄。实际上，英雄领袖不仅仅指企业内部的领袖，还包括引领行业发展的行业领袖。刘永好从一开始就是这样做的。作为行业领袖，这从另外一方面也奠基了自己企业的影响力。

组织行为学和营销学有一个共同的假设，这个世界是个被感知的世界。换言之，事实其实是被感知的。组织行为学关心员工，营销学关心顾客，其实都是关心他们的感知如何。这意味着，对于企业而言，员工和顾客对于企业的感知和认知才是最重要的。也因此，个体，不论是一个人还是一家企业，其带给周遭的印象、形象就变得格外重要，甚至重要性大过个体本身。或许刘永好从一开始实践时并没有这样的理论指导，但却契合了这个感知的本质。从提升产品的品质，到分享经验、带领同行一起拓展行业，把行业做大。这些做法本身就彰显了一个行业领袖的风范。这样的做法让顾客享受到优质产品及实惠的同时，也在潜移默化地帮助企业在顾客心中形成良好的印象和重要的地位。反之，忽视品质，狭隘地只关注自身，无益于顾客、无益于行业的发展，更无法树立自身形象。

与顾客形成价值链

刘永好曾说，"养猪业看上去土一点，却是关系到千千万万的老百姓生活。在农业现代化进程中，要发展规模化农业，使用现代化的技术，农牧企业要积极推动农业的改革和发展"。农业企业要更好地服务顾客，就要向现代化的经营模式转型，于是刘永好率先建立起农业养殖相关的合作形式，搭建相应的配套体系，专门且有针对性地提供技术服务、饲料服务、种苗服务、市场服务、金融服务等，实现了从散户向以农业合作为基础的规模化养殖的转型。这种全面科学的养殖模式可以让农民不再担忧自己从事的行业，更不需要远离家乡、家人外出打工，因为在家门口就能获得比外出务工更高的收益，并且这份收益是长期、稳定的。这便是企业和农民结合的农业转型，由农业企业组建农业服务体系，为农民服务，进而互惠互利。

同时，将养殖形成产业链，也能够将农民的利益与公司利益紧紧联系在一起。以猪产业链来说，新希望集团拥有遍布全国的种猪场和养猪场。在打造从生猪养殖到屠宰加工完整产业链的过程中，新希望通过投入巨资建立繁育体系，从国外引进新型原种猪建立核心群种猪场。这其中新希望做了以下分工：依靠自身优势，这些有技术含量的工作由新希望完成；而传统养殖工作则主要依靠农户来完成。

“我们做了很多互联网和移动互联网项目。”刘永好说，“比如，农民在家里养鸡养猪出现什么问题，拍张照片，上网就能诊断。农民规模化养殖有贷款难的问题，我们金融创新帮助农民贷款，帮助农民建现代化猪场，合理引进品种，进行规范的养殖。这样既能保证食品安全，又能帮助农民提高收益，还能向市场提供多样化的放心产品，这就是变革和创新”。这使得与农民形成的价值链更加现代化。

生物学中有食物链的概念，反映了自然界的生态规律。而管理学中也有价值链的概念，反映了商业世界中的生态规律。价值链的概念最早由迈克尔·波特在20世纪80年代提出，价值链本身的含义是企业内部从研发、生产到销售等一系列环节的链条，这些链条彼此依赖，环环相扣。这个概念也常用作评价企业内部职能的工具。但是，价值链的另外一面其实常常容易被忽略，这就关乎波特产业经济学出身的背景，需要从组织管理跨越到产业经济去理解，需要从企业内部跨越到外部去理解。

这时，价值链的另一面其实是企业外部的产业链。或者用波特的话来讲可以称为价值系统，指从供应商、制造商、分销商到最终顾客组成的生态。而不论企业在其中是何种角色，甚至何种地位，大家的关系都是共生关系。再进一步讲，这个共生关系的基石就是顾客或者用户。因此，一个有效的价值链，顾客必须融入其中。换言之，企业和顾客的关系，本质上是合作关系。所以，刘永好从一开始就懂得和顾客合作，将农民利益与自身连接起来。此外，今天不少企业都已经清楚，因为价值链，使得企业与企业之间的竞争已经升级成为价值链之间的竞争。但是，容易忽略的本质问题是，价值链强弱并不取决于其中的强者，而是取决于其中的弱者。换言之，其他环节再强，中间有一个环节是弱的，整条链条就是弱的。刘永好在实践中很好地注意到了这一点，无论是提供资金还是现代化的技术支持，刘永好都在大力提升农户环节的实力。农户环节是价值链的关键环节，其从弱到强的过程，就是价值链从弱到强的过程，当然，也是新希望迈向更加强大企业的过程。

持续解决顾客的新问题

尽管从事业起步开始，就和农户保持着直接联系。但随着科技的进步，互联网的发展，传统的惠农方式已经不能很好地适应外部环境的变化。而从事种植、养殖业等的农民，依然占中国人口的大多数。但由于种种原因，他们一直得不到金融行业的规模化支持。因此，规模化、融资难成了农民面临的新问题。

刘永好说：

"传统农产业已经走到了尽头，因为这是市场的倒逼。你养几十头猪、养几千只鸡你的收入只有几千块钱，一年不到一万块钱，远远达不到进城务工的收入。这就使得农村转型在市场倒逼下必须变革，必须具备相当的规模。另外，当你规模发展的时候，你要的土地多了，你要建猪舍，你要买种猪，你要买更多的饲料，就需要相当的投资，相当的投入。这个投入往往都是百万元、千万元级的，一个普通的农民拿不出一百万元，拿不出一千万元，怎么办？金融的服务就显得非常重要。问题是农民朋友又不太懂金融，他也没有更多的可抵押的物品。所以，银行向农民提供贷款是有难度的。有没有可能我们联合起来发挥我们对农业的熟悉，对金融的熟悉，我们成立相应的机构来为农民服务呢？”

为了解决这种融资困境，2007 年，新希望六和在山东成立了中国第一家养殖担保公司。随后，2009 年，新希望六和成立了普惠农牧融资担保公司，现已发展为中国农业第一大担保公司。截至 2014 年年底，普惠旗下已拥有近 30 家分子公司、150 多个办事处，分布全国各地，每年贷款担保额近百亿元，受益农民数百万。尤其是 2014 年，行情低迷，农牧业遭遇空前挑战，普惠公司为规模化养殖业走出困境、持续发展提供了强力支持。另外，普惠农牧融资担保公司还与海尔集团签订金融战略合作协议，联手共建“普惠金融 +”生态圈。

普惠整合了产业资源、服务资源、金融资源，与中国银行、中国建设银行、中国农业银行、交通银行等十余家金融机构密切合作，为中国农业体系提供了重要的金融服务，让很多人远离贫困，改善了他们的生活。2015 年，新希望六和又持续推进变革转型，把做强农村互联网金融上升为企业的未来战略之一，建立起千企万家互联互通的农村金融服务网，力求使之成为促进企业快速增长和促进农村经济发展的新引擎。

德鲁克用两个问题和一个故事告诉我们企业应当持续不断地解决顾

客的问题。在德鲁克看来，企业只有一个目的——创造顾客。基于这个目的，企业要问：我们的事业是什么？我们的事业将是什么？德鲁克用西尔斯的故事加以说明。与刘永好相似，西尔斯的故事也是从农民开始。19世纪末20世纪初，美国汽车还没有普及，农民进城不方便，为了帮助农民买东西，西尔斯做起了邮购工厂。20世纪20年代开始，随着福特汽车和通用汽车的发展，汽车时代已经到来，农民进城和出门更加方便了，这时，西尔斯开始大规模建立零售店。到20世纪中期，随着美国社会女性地位的提升，她们有更多的时间开始用于工作，这个时候西尔斯开始送货上门，节约她们的时间。

因此，企业要创造顾客，就要不断去解决顾客的问题。从这个角度，解决顾客的问题其实就是在解决社会的问题，因此，德鲁克把这称为社会创新。事实上，刘永好同样在如此践行，从最初解决农民的温饱和基本赢利问题，到用越来越现代化的技术方式来为农民提供支撑，再到进行农民的金融服务，原因在于农民需求的变化。今天的农民需求已经上升到农民如何融入互联网时代，以及今天的农民如何从过去的"小个体"再进一步获取规模优势。这些顾客源源不断的新问题，正是刘永好和新希望不懈努力和创新的来源。也因此，新希望才能真正与顾客融合在一起。实际上，当刘永好在不断为此努力时，他已经不单纯是一位企业家，而是一位不断做出社会创新的社会企业家。

伙伴之和：合作发展

刘永好说，“改革开放这三十多年，中国变化太大了，新希望是最早创业、最早下海的，新希望经历的第一阶段是财政主导的阶段，一切都是财政说了算。第二个阶段是银行主导的经济，中国的钱 80% 是通过银行出来的。现在，处于第三个阶段，即资本市场推动”。而刘永好从过去到现在延续下来的合作发展，会为新希望的未来之路打下坚实的基础。

金融合作，让资本更有价值

2015 年，新希望通过与华创证券进行重大资产重组，打造了全生态链互联网金融布局。新希望集团副董事长王航说，“华创证券在互联网金融领域的创新性探索，不仅填补了集团在证券领域布局的空白，并将与新希望现有的实体产业、传统金融布局进行有效的融合，实现协同效应”。事实上，近年来新希望一直在进行金融合作。2013 年 8 月，新希望集团旗下新希望投资有限公司联合其他民营企业共同创建了民生电子商务有限责任公司，向中小微企业及个人提供完善的金融业务与电子商务综合服务。2013 年 10 月，新希望集团与上海陆家嘴集团、SBI 控股株式会社（日本）在上海浦东新区签署关于打造互联网金融服务平台、开展互联网金融服务的战略合作备忘录，共同在上海自贸区开展金融创新业务。2015 年 3 月 18 日，新希望打造农村互联网金融的"希望金融"上线，短短两个半月交易额已达 8500 万元。这也意味着，合作带来的联合资本可以创造出更大的价值。

平台合作，联合拓展用户

为了更好地贴近用户，2015 年，作为新希望转型的战略核心板块，新希望六和的"互联网 +"展开了一系列重要合作。新希望食品先后与京东、天猫等大型电商平台达成战略合作，电商平台基本实现全网覆盖。此外，新希望食品还与中国电信旗下的天虎云商达成战略合作，共同打造西部最大的肉食品电商平台。新希望集团副总裁郭平说，"新希望和天虎云商的合作，将一起打造最强大的西部电商平台。天虎云商是西南地区最大的网络平台，拥有丰富的客户资源，有着非常强大的优势，合作能把云数据和大数据引入新希望传统平台，借助互联网来改造传统农牧业"。因此，开展平台合作，无论是从战略层面还是技术层面，无疑都有助于用户的进一步拓展。

跨界合作，产生更大能效

在成都举行的 2015 世界知识论坛 · 中韩企业家高峰论坛上，刘永好没有谈农业，也没有谈金融、化工、房地产，而是谈起了医院。

“过去，只要你有钱投资就可以赚钱，但现在不一定了！”刘永好说。他带领的新希望一直在努力寻求突破，如他所说，“有人说，当风来了的时候，猪都能飞上天，而事实正是如此。也许有人对此感到不解，认为新希望集团历来从事的都是饲料生产，与医疗行业风马牛不相及，而我则认为，这恰好成为了我们的优势”。

刘永好进一步解释：

“长期以来，我国的民间医疗机构小而杂，需要建立一个医疗健康产业联盟，但业内没有这样一个具有号召力的机构。再说，即使有这样一个机构，但出于对同行‘抢生意’的担忧而无医疗机构响应。相反，新希望集团不存在‘抢他们生意’的问题。事实上，通过几年的努力，企业参与的西安立体城项目正式落地，与西安交大签订协议，建一所医疗大学、一座三甲医院，通过基金的形式筹集资金、支持建设。除了医疗健康产业策略联盟的搭建之外，接下来新希望还要成立医疗健康产业投资基金，开办医疗健康领域的大学，以及若干个医院。”

这就是跨界的力量，更确切地讲，是跨界合作的意义和力量。

刘永好的合作发展，向我们展示了个体为什么需要组织的根本理由：个体完不成的事情可以借助组织来完成。个体可以指个人也可以指企业，组织可以是企业也可以是更大的价值链和价值系统。我国有愚公移山的故事，一座大山挡住了村民的出路，愚公想要把它移开，他的夫人质疑他，一个老人怎么可能做成这件事。可愚公说，我们还有很多村民，此外，还有大家无数的后代。这就是组织可以超越个体力量做成的事情。所以，刘永好懂得合作，并且让新希望也懂得合作。而随着环境更加动态、技术更加进步，以及行业的专业性更加深入，未来要做成更大的事情，个体都必须更加依赖于组织来实现。刘永好率领新希望积极与电商平台合作，甚至展开了“医健联”的跨界合作。用刘永好的话说，未来也不排除和小米等企业合作。因为合作，有了更多的发展潜能。

合作的习惯

在 1938 年《经理人员的职能》和 1948 年的《组织与管理》中，巴纳德论述了组织的合作本质。设甲的行为为 a，乙的行为为 b，两者交易形成组织（$a+b$），二者的合作行为构成了一个组织。设丙的行为为 c，下标表示在一定时间内的行为数量，则以（甲－丙）命名的组织就是（a_n+c_n）。如果考虑到甲与乙的合作，这个组织又变为新的组织（$a_{n+1}+c_n+b_1$），或用 [（$a_{n+1}+c_n$）$+b_1$] 表达。同理，设丁的行为为 d，也会出现组织（$b_{n+1}+d_n+a_1$）。如果组织间再合作，就会出现更新的组织，表示为 [（$a_{n+1}+c_n+b_1$）+（$b_{n+1}+d_n+a_1$）] 或（$a_{n+1}+b_{n+1}+c_n+d_n$）。以此类推，这就是组织的合作机理和形成原理，不论大组织或小组织都是如此。所以，巴纳德称，组织是合作的集合，而代表合作的正是其中的加号（+）。如果理解到这一点就会清楚，时下热门的“互联网 +”的加号，其本质也是一种合作，而这个加号正是可以追溯至组织理论的源头。

1938年，组织理论奠基人巴纳德论述了组织的合作本质，认为组织是合作的集合。1945年，行为理论奠基人梅奥在《工业文明的社会问题》中提出了社会人和士气的概念，认为士气是合作的保持。由此，合作是组织行为的关键，领导者需要对此有所作为。刘永好在管理实践中无疑充分展现了合作精神，无论是兄弟之和、顾客之和，还是伙伴之和。陈春花告诉我们，合作是刘永好带给她最深刻的印象。显然，合作，已经成为刘永好式的做事风格。而刘永好的合作行为本身就体现了组织管理的本质。更重要的是，刘永好的合作体现了合作的要义均衡，因此，自然会取得管理的成效。如果可以理解这一点，就会领悟到新希望六和的组织名称本身就是一种体现均衡合作的管理方式。

新希望六和实际上是由“新希望”+“六和”两家企业得来的。曾有行业协会的人问，尽管六和也是一家领先企业，但相比新希望的品牌影响力要弱一些，加上六和两个字反倒可能令品牌影响力有所下降，所以为什么不直接用新希望。究其原因，正是基于组织有效性的考虑。新希望与六和，从财务角度讲的确存在兼并或收购的关系。但刘永好在此问题上十分谨慎，始终强调新希望与六和是合作，强调不要用兼并或收购的字眼，当时列出的横幅即为“热烈庆祝六和·新希望成功合作”。

均衡合作，这是西方有效管理的理论模式。东方管理智慧中更是早有呈现。《荀子》中讲，“和则一，一则多力，多力则强，强则胜物”。《论语》中讲，“礼之用，和为贵”。可见“和”的功效与来源。以和为贵，对刘永好而言，似乎与生俱来。兄弟合作创业，发挥各自所长。即便分开，在刘永好看来，大家还是一家人，仍然相互帮助。家和则万事兴，于是有了希望体系的和谐发展。事实上，不只是新希望六和的命名，"新、和、实、谦"的核心价值观实际上代表了四家合作企业的名字，新希望集团、六和集团、石羊集团、千喜鹤集团。ASA100 联席主席，公司联席董事长，以及访谈中以高频词汇出现的各种"联合"，"和"的设计仿佛无处不在。甚至是刘永好表达的对于时代的感恩，也传递出与时代的融合。对于刘永好而言，合作已经从一种理念成为行为习惯。

更重要的是，刘永好身体力行，影响到身边的人，使得这种行为习惯从一个人的行为习惯真正成为一个组织的行为习惯。所以我们看到，在刘永好将新希望六和交接给新的管理团队后，新的团队依然保持了合作的习惯。例如，新希望六和在当前组织转型过程中进行的"新希望六和 +"，即新希望六和采取的一系列提升组织能力的合作行为，包括"新希望六和 + 京东""新希望六和 + 真功夫""新希望六和 + 温氏"等。当企业家的理念成为组织的行为习惯，文化才得以真正形成。刘永好做到了这一点，让新希望形成了鲜明的合作特征。

第七章

决策：领先半步

反者道之动。逝曰远，远曰反。

——老子

追求优秀激励人，追求完美打击人。

——哈丽雅特·布莱克

快半步，是我的心灵警句。事物是不断发展的，快一步踩空了会掉下去，快半步重心还没有过去，但又略有超前，这是非常重要的。

——刘永好

刘永好很清楚一个问题，他说“一些曾经辉煌一时的世界500强，也出现了被并购，甚至倒闭的情况，这就证明大公司一样会衰败”。如同吉姆·柯林斯在《再造卓越》中所讨论的核心问题，很多企业的成长都没有做到持续。而新希望三十多年来却保持了稳健的成长。这当中，“度”的决策起到了重要作用，也是企业未来继续稳健成长的关键之处。

稳健经营

刘永好在访谈中提到了一个非常关键的词——“快半步”。意思是说，事物是在不断发展前进的，你快一步的话，往往会踩虚了、掉下去，因为内部重心转移了；而快半步的话，重心还没有过去，但是你又略有超前，快人半步。

当新希望在饲料行业的地位已经非常稳固的时候，刘永好才开始尝试接触其他产业。在南方希望的第四届总经理工作会议上，刘永好对多元化做了以下阐述：

“十五大以后，大量机会涌来，有资产重组的机会，有金融投资的机会，有国际合作的机会。这些机会不抓住太可惜，但我们又不能盲目乱抓。多元化是一把双刃剑，弄得不好会伤害自身。所以我们制定的只是适度多元化的战略，或者叫有限多元化。”

刘永好对多元化的“有限论”充分显示了他的稳健经营原则。

刘永好经营房地产的路线看起来有些另类，他说，“在最低潮的时候，大家认为做起来最不容易的时候，我们进入这个行业。在最高潮的时候，大家认为最好的时候，我们反而没有做”。事实上，由于刘永好为新希望一直保有充分的现金储备，在 2008 年 10 月，当各种行业性的危机来临之时，新希望房地产事业部并未因此受到不利影响；反而利用储备将危险转换为机会，很好地应对了危机。新希望大厦于 2009 年 4 月开盘，5 个月内就卖出近 2 亿元销售额，成为当时成都房地产销售的奇迹。而在 2009 年成都的高档写字楼销售市场上，新希望的市场份额也占到了最大，占据将近一半的市场份额。

吉姆·柯林斯曾提出一个“二十英里[1]征途原理”。假设你将要开启 3000 英里的徒步旅途，从圣迭戈到缅因州的南端。第一天，你走了 20 英里，成功出城。第二天，你走了 20 英里。第三天，你来到了沙漠，天气炎热，你想躲到凉爽的帐篷里休息一会儿，但是你没有，仍然继续走了 20 英里。保持着同样的速度，即 20 英里 / 天。天气渐渐凉爽，在这样舒适的环境下你本可以一天走得更远，但你没有，你仍然坚持着，控制着自己的速度，坚持 20 英里 / 天。然后，你到了科罗拉多雪山山脉，气温剧降，你只想留在帐篷里，但你仍然起床，继续着你的 20 英里征途。若干 20 英里之后，你走进了平原，时间也进入了春季。在这个绝佳的时刻，你可以每天走 40 ～ 50 英里，但你没有，你仍然把速度控制在 20 英里 / 天。最终你抵达缅因州。

假想一下另外一个人。旅途开始时，他异常兴奋，第一天就走了 40 英里，这一伟大的行程令他筋疲力尽。第二天起来，面对 38 摄氏度的高温，他决定在天气凉爽之前先停下来，到时候再把落下的行程补上。他的西部旅途依旧保持这种节奏，天气好就加速，坏天气就在帐篷里抱怨和等待。当到达科罗拉多州的山脉时，一连几天天气都不错，为了把落

[1] 1 英里 =1.609 34 千米，下同。

下的行程补上，他全力以赴，每天行程 40 ～ 50 英里。但是，当他几乎筋疲力尽的时候，一场暴雪的突袭几乎让他丧命，他躲到帐篷里，等待春天。春天终于来了，但他逐渐衰弱的身体只允许他蹒跚前行。当他到达堪萨斯城时，每天坚持 20 英里旅程的你早已抵达终点，你以巨大优势获胜。

柯林斯被《财富》杂志誉为当今世界最伟大的管理思想家。事实上，这个简单的故事包含了深刻的寓意。其说明了为什么很多大步流星发展的企业没能持续，说明了为什么很多企业在金融危机中无法生存，说明了为什么很多步伐不大的企业却可以走得长久，说明了为什么一些企业反而可以在金融危机中逆势增长。原因就在于——稳健的步伐。犹如刘永好的“快半步”哲学，这就是企业应该保持的行进节奏。

“风和日丽”代表环境的大好机会和无限诱惑，所以有的企业会在这时进行大步伐的跨越式增长，甚至进行盲目的多元化。但这也意味着投入了更多的资金和风险，消耗了自己大量的“体能”。而稳健经营的企业懂得在风和日丽时保存体能。不要跑得过快，被各种利益诱导。应该节省一部分资金，储存一部分体能，万一大雪突如其来怎么办？那场突如其来的“暴雪”就是金融危机。所以，有体能的企业才能活下来、活得久。我们也可以看到，尽管美国西南航空公司是众多美国航空公司当中赢利能力非常强的企业，但其在美国本土的拓展速度却并不快，实际上是有意而为。同样，凭借新希望的赢利能力和资金储备，新希望也完全可以把步伐迈得更大一些。但是，刘永好也没有这样做，而是坚持他的“快半步”理论。

实际上，在今天愈加动态的环境中，不确定性已经成为常态。这也意味着，各种危机还会出现，甚至是周期性的规律。在这样的背景下，企业要长足发展，应该有一定的“底气”和“力气”，这个底气，就是稳健经营带来的积累。所以，刘永好保持他的稳健经营、有限多元，对于新的不确定的业务浅尝辄止，做之前先试水。而刘永好在金融方面的努力又进一步为稳健经营提供了强有力的保障。所以，从这个角度上来看，稳健并非保守。就像是刘永好所讲的，快但又不要太快，实际上是一种更为长足的打算。

适度产业延伸

随着刘永好开始涉足新的领域，再加上自20世纪90年代末以来，原料价格不断提高，饲料业毛利率下滑得厉害，外界开始猜疑，刘永好可能会放弃农业。但在刘永好看来，这个产业才刚刚开始，有巨大的价值可以延伸。

刘永好曾在2011年提出建议，希望国家出台政策支持龙头企业的发展。2012年国家以“国发十号文件”的形式出台了国务院关于鼓励支持农业产业化龙头企业发展的文件。作为农业企业，新希望所具备的影响力和声音都得到社会和政府的认同。此外，十八大报告还明确谈到要发展新型城镇化，进一步鼓励支持规模化、节约化、现代化农业的发展。这给新希望在政策上提供了很大的动力和支持。

新希望集团副董事长王航说：

“从生产者的角度出发，过去农业产业主要从产业链角度思考问题，想的是如何把我生产的产品销售出去和增值。但我们必须看到当下农村的生产经营环境发生了根本的变化，可以归纳为四个转变：第一，从散户时代进入农场时代；第二，从数量时代进入品质时代；第三，从博弈时代进入和谐时代；第四，从概念性时代进入数字化时代。这四种变化对新希望的影响显而易见。过去新希望是饲料的生产商，没有办法给客户提供很好的服务，因为客户太小，也不愿意购买服务。但现在不一样了，客户大了，为他们提供技术服务、环保服务的成本低了，他们也需要了。这么看的话，新希望则已从饲料的产业链转变为农村需求的供应链组织者。也就是说，当前应该从消费者的角度出发，要讲供应链——从消费者的需求角度考虑企业的生意模式。”

由此也可以看到，在新希望对农业产业进行不断延伸的过程中，新希望也在适度调节着整个产业链的方位，不断从传统的产业链向更适应时代趋势的供应链方向延展。

而沿着这个更适合消费者的方向，也帮助新希望延伸出新的发展机会。如刘永好所说，“原来说 8 亿农民，现在有 4 亿农民进城了，这 4 亿人从肉蛋奶的生产者变成了需求者”。也因此，在农业的链条上，整个新希望更加清楚，他们的使命“为耕者谋利，为食者造福”会为新希望带来更大的成长空间。从农民到消费者，从养殖到食品，这个连续的体系构成了新希望适度的产业延伸。顾客不断被延伸，更多顾客的需要会得到满足，但又始终掌握在新希望可控的产业链条之内。

有限理性

从向亚当·斯密学习开始，管理学就不断从经济学中吸收养分。当中，非常重要的是经济人假设，以一百年前的泰勒作为管理百年的起点，管理学就在不断运用并发展人性的假设。对于人性假设，我们把很多注意力都放在了激励的运用上，即根据不同的人性假设采取不同的管理措施。基于此，人性假设不断从经济人发展到社会人、再到 Y 型人或自我实现的人，而相应的管理策略也从管控变得更加分权。事实上，我们过多注意了人性的激励面，而忽略了人性的决策面。人性不仅可以应用在激励客体上，还可以用于主体的决策。所以，除了“经济人—社会人”的主线，人性还有另外一条主线，即“经济人—管理人”的主线，前者用于激励，后者则用于决策，刘永好很好地体现了这一点。

既然经济学有经济人，管理学为什么不能有管理人？这是管理学家西蒙的重要贡献，提出了“管理人”假设，即管理者并非完全理性的经济人，而是有限理性的管理人。因此，管理者的决策由理性决策和非理性决策构成，管理者的决策有逻辑推理和利益驱动，也有认知直觉甚至情感的成分，这让管理者的决策变得更加艺术。有限理性的“管理人”也得到了经济学界的认同，西蒙也成为难得的可以获得诺贝尔经济学奖的管理学家。

经济人追求的是最优，而管理人追求的是满意，从这个角度，“快半步”一定不是最快，但却是满意解。不妨反过来想，假如刘永好是完全理性的，在三十多年的发展之路上，或许已经被各种机会诱导进入各个行业，也或许，新希望会因跨的步子太大而深陷泥潭。但事实并非如此，这就是管理者作为企业家的决策艺术。借用中国的俗语，不管是“干一行、爱一行”还是“爱一行、干一行”，如果一个人在一个行业深耕了几十年，一定会对这个行业产生深厚的感情。从刘永好和新希望身上，我们能感受到这份情怀，一方面，农业可以“为耕者谋利，为食者造福”；另一方面，在这个行业，可以诞生出一个真正属于中国的世界级企业。因为这份带有情怀的理性，刘永好的决策中充满了“度”的斟酌，既不过度偏离主业，又不过度偏爱主业，真正保证所爱的事业可以稳健持续的成长，这就是刘永好的决策艺术。

第八章

竞争：不断丰富企业的“新”内涵

苟日新，日日新，又日新。

——朱熹

昨日的成功秘诀通常是今日的过时教条。

——克里斯托弗·巴特利特

无论昨天、今天、明天，我们都身处民族崛起的大变革中，往事已矣，未来更让人期待。

——刘永好

三十多年，一路走来，刘永好和新希望身上有诸多“中国第一”的标签：改革开放后中国第一批民营企业、第一家民营企业集团、工商业联合会第一位民营企业家副主席、第一位民营企业家政协委员、第一位民营银行大股东、第一家民营上市公司，等等。这些“第一”彰显了新希望的竞争力，也不断丰富着企业的“新”内涵。

先行集团化

1991 年的美国之行，开阔了刘永好的眼界。饲料行业也是美国的重点产业，并且美国已经产生了一些世界级的企业集团。这个时候，刘永好就有了成立集团的念头。

1992 年 3 月 30 日，《光明日报》全文转发了前一天《深圳特区报》的长篇通讯《东方风来满眼春——邓小平同志在深圳纪实》。以更为开放的时代为背景，刘永好兄弟也敏锐地觉察到，是时候开始成立集团了。邓小平视察南方谈话后，刘永好在公司内部提出了“抬头看路”的思路，倡议公司每一个人都要有前瞻的眼光和勇气。

同年，刘永好与刘永行在成都成立希望集团，制定了向全国发展的目标。刘永好认为，“希望饲料厂”这个称呼已经不足以代表他们已经拥有的三家工厂的规模和即将大规模并购的未来。因此，决定将工厂改为“集团”，用集团化的思路进一步向全国拓展。

尽管时代已经更加开放，但把希望注册为集团的想法在当时仍然是非常大胆的设想。一方面，还没有任何一家民营企业开辟集团的先河；另一方面，当时的规模为三家工厂，其实距离很多人预期的大集团仍有一定差距。但刘永好坚持把这件事情做了下来，以三家工厂的规模成立了希望集团。现在，“集团”在中国已经非常普遍，这也从另一个侧面印证了刘永好的先见之明。

刘永好先行集团化，为企业未来的“分”以“合”奠定了规模基础。事实上，规模虽然不是企业所追求的目标，但却会为企业带来优势和基础。这种好处，除了从经济角度考虑的规模经济外，从管理的角度，借用德鲁克将管理比作器官的表达，规模在某种程度上意味着企业管理器官的成熟。在管理百年中，福特汽车与通用汽车为管理这门学科的成型奠定了实践基础。20 世纪初，尽管福特借助生产效率获得了较大市场份额，但 20 年代却被通用汽车全面反超。原因如德鲁克所说，福特仍然是小企业式的管理方式，而通用汽车已经开始采用分权事业部的管理方式。因为分权管理，让通用汽车有了更大成长空间。

当然，这当中还暗含着一定的规模逻辑，这也是有效拆分企业的重要前提。只有当企业具备一定的规模时，才能做到有效拆分。有了一定的规模，企业的生产、研发、销售等管理职能器官才能足够成熟，才可以进一步拆分为小的单位。否则，如果这些器官还没有发育得足够成熟，拆分后一定是四分五裂、支离破碎。这也是今天一些企业在学习事业部分权结构时无法奏效的原因。因为企业在很小还尚未成熟的时候就开始拆分了。而再来看希望集团后续的有效分拆，至今希望体系下的四大分支都保持了强大的竞争力。根源实际上可以追溯至最初集团化打下的规模基础。除了拆分外，以规模竞争力为基础，刘永好才得以开始在 20 世纪 90 年代率先在全国各地展开一系列的并购整合与规模扩张，也就是我们常常讲的“大鱼吃小鱼”，这种规模竞争力也成为新希望早期得以快速成长的重要原因。

做私营企业的标杆

1993年对于中国的民族工商业来说，是非常有意义的一年。这一年，私营企业和经营者得到更多的认同。工商业联合会主席荣毅仁当选为中华人民共和国副主席，同样是德高望重的企业家经叔平接替荣毅仁当选为全国工商业联合会主席。

1993年，四川省政协要发展一名私营企业家作为全国政协委员。希望集团在当时已经有了一定的影响力，在四川更是家喻户晓。白手起家，形象非常正面。企业规模最大，并且从事的是农业，有典型意义。这时，希望集团成为重要的选择对象。事实上，从四兄弟创业开始，刘永好就做了大量的营销及管理工作，因此，兄弟们认为刘永好的战略眼光和沟通能力都很好，并且谁去都是代表着家族的荣誉，于是刘永好得到了兄弟们的一致推选。

1993年3月的全国政协八届一次会议，为刘永好带来了新的开始。当刘永好代表全国私营企业家在会上做“私营企业有希望”的大会发言时，这个题目一出来，就赢得了全场的掌声。刘永好还作为私营企业的代表参加了“两会”举行的中外新闻发布会。他的出席也非常具有代表意义，预示着中国民营企业和民营企业家可以作为新生力量助力中国经济的发展。

1994年，刘永好当选为全国工商业联合会副主席，成为中华人民共和国成立后第一位担当此重任的民营企业家。与此同时，年轻的刘永好也成为中国工商界承前启后的代表人物。这意味着，一方面，以刘永好为代表的民营企业家开始真正走向中国经济发展的舞台；另一方面，刘永好本人也成为中国企业家新旧交替的新生力量。当我们在思考为什么刘永好今天非常愿意做干部年轻化的转型时，这样的经历或许也是其中的原因之一。因为他本人就亲身感受到过上一代给予下一代的信任和支持，以及他本人作为新生代可以释放出的希望和效能。

现在来看，刘永好所起的题目“私营企业有希望”的确是一语双关。既展示了中国民营企业的前景，同时也表达了另外一番愿景，刘永好兄弟的企业会在未来中国民营企业发展中起到重要的带领和标杆作用。当然，难能可贵的是，刘永好始终以这样的高标准要求自己和新希望，也因此，新希望才可以持续几十年位于行业领先。

在这一点上，将刘永好的管理实践与组织理论和激励理论结合，会得出一条基本的定律：高标准的组织目标可以激发组织的竞争力。“组织理论之父”巴纳德奠定了整个组织理论的基调，组织为实现目标而存在。同时，激励理论中的目标理论认为，目标要有一定的难度，才能起到激励作用；否则，目标本身就失去了意义。当然，这个难度并非不实事求是，而是指略大于自身能力。刘永好正是基于企业已有的领先基础向企业提出了更高的要求，率先集团化让企业成为国内最大的民营企业。而更高的标准，则是进一步引领中国民营企业的发展，起到标杆和带头作用。反之，也可以清楚地理解这一定律：如果刘永好已经满足了当时的规模化优势，不再向自己和企业提出更高要求，就不会激发出后续新希望的更多竞争力了。

基于刘永好的实践，这个定律还可以延伸出一条推论：持续的高标准才可以带来持续的竞争力。这是一个以能力成长为中间桥梁的良性循环。可以假想一个等边三角形，三角形的边长代表目标的标准。代表能力的是三角形的高，这个高支撑着整个三角形。而三角形的大小代表了企业（或是一个人）竞争力的大小。合理的情况是，边长比高略长，即有略大于能力的高标准。当高标准的目标实现之后，能力也随之增长了，变得和边长一样长。这时，继续制定下一个略大于能力的高标准，新的三角形就出现了。这个新的三角形以原来三角形的边长为高，同时拥有更高标准的边长。这意味着，三角形变大了，企业的竞争力随之成长了。如此往复，就形成了良性循环，让企业不断成长。反之，则是一个以能力衰减为中间桥梁的恶性循环。如果是低标准，目标小于现有能力，总是做能力范围内轻而易举的事情，能力会变得越来越小，三角形会随之萎缩。这时，竞争力非但不会被激发，反而逐渐丧失，而企业也会越来越小。

刘永好为我们呈现了非常积极的一面，用标杆激励自己让三角形变大。事实上，很多企业无法成长壮大或是一些大企业的衰退也是从这个三角形开始的。基于刘永好的管理实践和管理理论基础，我们把这个结论称为“三角形原理”。其实，不论是企业还是个人，成长的规律都是如此。

创造新事业

在20世纪90年代初期，民营企业贷款难是个普遍问题。这时，刘永好也恰好当选为全国工商业联合会副主席。工商业联合会的主要功能是成为联系民营企业的桥梁和纽带，把民营企业的想法、呼声带给上级，再把上级政策传递给民营企业。此时，最重要的是了解民营企业亟须解决的难题。大家反映了很多问题，但最大的问题在于无法贷款。贷不了款，很多业务就没办法开展。这时，刘永好提议，能否由民营企业来组建一个银行，专门为民营企业贷款服务，同时这也是对金融体制改革的探索。因为那时都是国有银行，没有一家银行是民营的、外资的，也没有一家是上市的，而且资产质量都不好。如果做成，就会成为中国金融业改革的成功试验田；如果做不成，有民营企业共担这个损失，也不会过于严重。

时任工商业联合会主席的经叔平建议刘永好去找一些工商业联合会的政协委员和人大代表共同认真研究，并能形成一个建议。经过刘永好和大家的共同努力，四十几个政协委员、人大代表联合发出提议：要求组建一家民营银行。这很快得到了工商业联合会的大力支持，将决定呈给时任国务院总理朱镕基，并顺利得到批复。于是他们成立了筹备办公室，由经叔平当组长，刘永好做副组长。经过一年的筹办，民生银行于1996年年初成立。

在第一次向当时的统战部长王兆国报告时，刘永好说：

“民生银行的组建我是主要的倡导者、发起人，我绝不在民生银行做一丁点儿关联交易，以及对我自己特别有利、对银行不利的事，我始终牢记这一点。今天民生银行已经取得了很大的成就，对中国民营企业提供了非常大的帮助。因为民生银行的宗旨是为小微企业服务，为民营企业服务。”

长期以来，作为民生银行最大的股东之一，刘永好为民生银行的发展做出了重要贡献，而民生银行也见证了中国一大批民营企业的成长，为中国的民营经济做出了重要贡献。更重要的是民生银行开创了一个新的格局，即由民营企业家来创办银行，并且经营得很好。

在刘永好的创业之路上，民生银行对刘永好意义重大。民生银行从创办、投资到经营与发展，刘永好都进行了巨大的投入，这代表着刘永好创造的一番新事业。而这个新事业，大大拓展了刘永好事业的竞争力。民生银行是民营资本第一次进入金融行业、是一家民营性质的银行，而刘永好的希望集团是第一批进入的民营资本、是一直伴随着民生银行成长的民营企业。

民生银行的案例说明，对于企业家而言，事业是永不止步的。刘永好通过不断创造新事业来拓展竞争优势。记得2013年深入新希望变革一线调研时，在内参上读到的一句话至今仍令人记忆深刻。刘永好赋予新希望职业经理人以事业经理人和创业家的尊称，而这些新的创业家在内刊中自问：过去可以大鱼吃小鱼，但今天小鱼越来越少了，另外一部分小鱼也快长成大鱼了，这时，大鱼怎么做？这也意味着，仅仅具有规模竞争优势还是不够的，还需要从业务上做出创新。

具体到核心农牧板块，本着“为耕者谋利，为食者造福”的使命，新希望开始了业务创新。耕者，意味着农民，也是新希望一直在直接服务的顾客，而以往更多是间接服务的食者则为新希望农牧板块的未来提供了大量的成长空间。食者，意味着消费者，所以我们今天也看到，无论是新希望乳业还是肉食，新希望都加大了向消费者终端的发力。这也是我们今天看到的新希望与京东、苏宁等渠道平台展开合作的背后的战略逻辑，是基于新的事业创造。这些努力也在进一步帮助新希望拓展竞争优势。而在转型的同时，刘永好也进行了结构的调整，将新希望总部搬至北京，原来的成都和青岛从管理角色变为服务角色，以服务中心的身份服务肉食事业部等各个一线部门，让市场一线保有最大的自主权和创造力。因此，除了战略上的事业创新外，刘永好从结构上给予的权力和资源支持也会成为事业创新生效的重要保障。正如钱德勒在《战略与结构》中的经典观点，要用结构来跟随和服务战略。在这一点上，刘永好为创造新事业提供了系统的规划与保障。

与时俱进

在 2015 中国（四川）电子商务发展峰会上，刘永好做了“互联网时代的新希望”主题演讲。这个题目不由让人联想起二十多年前，刘永好还是一个年轻人时所做的“私营企业有希望”报告。从“私营企业有希望”到“互联网时代的新希望”，可以看出，刘永好与新希望是与时俱进的。今天，刘永好用互联网时代和年轻人来对新希望进行了重新定义。无论是创新创业的企业家精神还是伴随时代的技术进步，刘永好都努力把新希望融入当今的时代，以保持竞争力。

草根创新

新希望不仅需要与外部市场进行较量，同样，其内部也要发生相应的改变，特别是组织和机制方面。这是刘永好对新希望在新时代的新要求。对于隶属新希望的数百家企业，总部主要以“管控”为主。但管控的思维是从上往下的，已经跟不上从用户出发的互联网思维。因此，需要“打碎”高层。面对整个集团的互联网转型带来的变革迫切性，新希望高管层考虑，能不能单独搭建一个平台，形成全新的运营模式，而且它还不受原来体系的限制。为了顺应这种革新的趋势，作为新希望的“梦资产”，“草根集团”即草根知本有限公司于2014年应运而生。用刘永好的话讲，草根更接地气。这个新注册的、创业合伙人制的企业，是由刘永好和年轻的合伙人共同出资开创的一个新的事业。其中，新希望集团是大股东，根据不同的产品，分设为很多个不同的小公司，

关于草根集团的运作，事实上，在新希望的庞大体系里推动很难。因此，刘永好想到，能不能从中切一块出来做试点？找到行业的痛点：食品

安全、教育、医疗……就像中国经济改革，先将试点放在深圳。乳业就是新希望改革的一个试点。以乳品为开端，延展相关消费类的产品，从国内业务逐渐到国外业务，再借助电商业务，这就构成了草根知本的体系。

新的机制下，活力很快被释放出来。不到半年时间，草根集团已孵化出了 20 多个小型创新企业。曾在婴幼儿配方奶市场引起轰动的 99 元奶粉爱睿惠，就是其中一员。这些新生事物，先天带有互联网的基因。对于这件事，刘永好被问得最多的，是奶粉能否赚钱的问题。他笑言，用成本价卖，只有规模扩大才有利润。单这一个产品就获得了几亿的刷屏量，引来了沃尔玛等连锁巨头的合作，这种价值巨大。同时，刘永好还认为用不了 10 年，有可能它会超过现在新希望集团的规模。因为它是一个开放、共享的平台，是年轻人施展才华的天地。

2015 年，刘永好在“希望之光”的创业路演中说：

“国家提出‘大众创业，万众创新’，激发了全民族特别是年轻人的活力，促进了新技术新产业新格局的诞生，解决了国家的就业问题。新希望集团作为发展了三十多年的传统农牧食品企业，面临着新的机遇。新希望集团支持青年人才的创新创业，希望有更多优秀的创业者与新希望合作，携手并进、共创未来。”

新希望通过草根集团这种特有的创业合伙制减轻了公司发展现代农业的人力成本，为公司发展带来新的活力，推动了集团的年轻化、市场化和互联网化。有意思的是，刘永好将创新集团命名为草根，除了与国家万众创新的背景有关外，更重要的是刘永好对于草根所寄托的希望：野火烧不尽、春风吹又生，显示出强大的生命力。实际上，刘永好在业务层面对新希望的转型与创新在此已有所体现。从大方向上，刘永好期望未来会有两个发展良好的方向：一方面，新希望在农牧方向保持领先；另一方面，草根集团也成为一家领先企业，而其业务又不拘一格。重点在于激活小企业的活力，让年轻人有更多的作为。

交给新生代

无论是在“互联网时代的新希望”中，还是刘永好接受我们采访时，他都在谈论着新希望的转型。而当中的重中之重和首要一步，就是刘永好讲的“新老交替”转型。他说，“一个由 60 多岁、50 多岁人引领的集团和企业要再发展、再创新是很难的”，于是，他率先从自己做起，卸任股份公司董事长一职，交给以刘畅为代表的新一代创业家。

从全球范围来看，家族企业传承均非易事。麦肯锡公司一项研究表明，家族企业持续成功的机会很小，只有 5% 的家族企业在经历三代后还能继续为股东创造价值。

事实上，“富不过三代”并非魔咒。同时，我们也不能将原因完全归结为历史的动荡或者所谓的厄运，这些都是外部因素。关键之处在于，企业的优势有没有随时代而进步。对于家族企业而言，核心之处在于，代与代之间是否进行了有效的互动。上一代是否给予下一代机会，以及下一代是否有意愿接受担当。只有当企业的竞争力可以不断由新生代创造时，企业才可能代代卓越。否则，竞争力就会停留在过去，不会更新。在这一点上，刘永好与以女儿为代表的新生代之间实现了良好的互动。

提起这两年来女儿的表现，刘永好显得非常满意，他还颇为骄傲地说："现在很多企业家朋友都跟我说'永好啊，你不但事业做得好，是前辈，而且你用年轻人方面，在女儿接班的问题上也做得好'。"他说，这是他将变革创新与年轻化结合起来的一个成功转型。而刘永好更大的智慧在于，当很多企业仅仅将转型视作业务、结构等层面的问题时，刘永好关注到了更大的转型。事实上，业务转型等还是企业当前在做的事情。虽然业务、结构变了，但做这些事情的主要人员并没有变，仍然是同一批或同一代的人在做。刘永好则跳出了当前管理者的范围，将年轻化和代际交接视作转型，无疑是更富有远见的体现。从这个角度，伴随时代发展，产品业务需要转型升级，而人也要转型升级。尤其是从老一代到新一代的转型升级，才能持续保持竞争优势。

进行科技创新

2014年，刘永好在接受"我看中国经济30人谈"专访时说，"传统产业要拥抱互联网，将业务与互联网时代的大数据、云计算等结合起来，要达到新经济时代下传统企业的转型和升级要求"。的确，刘永好看到了互联网和新技术的优势，并将之用于新希望的创新发展。比如，2013年，新希望旗下终端美好食品、乳业牛奶逐步探索电商化在线运营，不断开拓新型营销渠道；2014 年，新希望六和开办的养猪大学与互联网的结合；2015 年，新希望六和发布了 2015 年互联网转型战略及福达计划框架下的多项重大创新。正如刘永好所说：

“用互联网精神进行突围；通过服务紧密联系养殖端和消费端，让他们对企业产生黏性，持续需求和感受价值，从而引领行业的发展。”

以“云养殖”为例，这是福达计划中一个重要的子项目，即猪场管理信息化。这是新希望六和 2014 年年底在生猪养殖嫁接互联网时代方面的又一关键性创新，是猪场管理的一次重大变革。云养殖不仅仅是一个软件，更是一整套高效养猪的信息化解决方案。集管理工具与专业的服务团队为一体，具有强大的生命力。可以规范猪场的生产管理、物资管理和财务管理。通过生产报表、指标分析，指导猪场持续提高生产效率，优化猪场的经营决策，协助猪场整合整个农牧产业链上的各种资源，提升规模化猪场的“造血”能力。借助信息化管理，新希望可以送福至千万家养殖场，从而搭建起更大范围的生态圈。

这一切归结起来，就是刘永好对科技创新的重视。除了这些重要的实践外，事实上，通过点滴的细节也能看到刘永好对新希望科技创新给予的大力支持。笔者由此想到了另外一家调研过的企业，这家企业有一个“管理者代表”的职位。虽然是管理者代表，可管理者代表在访谈时却吐露出他的困惑和烦恼。作为管理者代表的他，组织中的管理人员却没有一个听他话的。看了这家企业的组织结构后，答案就水落石出了。原来在正式的组织结构中，这位管理者代表的正式身份是技术部下的一名电气工程师。

组织结构理论告诉我们，要判别一个人在组织中的重要性，最直接的方式是看组织的正式结构，看其有没有在组织结构中，看其位置及职责权限。问题在于，这位被任命为管理者代表的电气工程师，只有工程师的身份在正式结构中，并且位置在部门以下。而管理者代表的身份和位置却是模糊的。作为对比就显而易见了，在一家传统的农业企业，刘永好率先设立正式的“首席科学家”职位，其重要性不言而喻。足以看出刘永好把科技创新放在极高的位置。这与组织结构的权变理论也是一致的。组织结构的权变理论认为，技术越加复杂，就越必须赋予技术人员更大的分权。显然，在这个科技日新月异的时代，刘永好做到了这一点。

农业与互联网金融结合

在企业金融方面，刘永好是民生银行的倡导者和发起人，也让新希望从对民生银行的投资中取得了回报。此外，新希望还有海外基金和自己的财务公司，有一批在金融行业从业时间长、专业能力强的金融人才。

怎样让金融更好地为主业服务？刘永好提议，在农牧业方面，创立一个有效的模式。发挥企业在规模和资金上的优势，帮助农民解决资金问题、技术问题和销售问题。比如，建立养猪基金，通过为农民服务，将形成巨大的影响力、号召力，把农户紧密地联系在新希望周围，新希望就会引领行业的发展。基于此，2015 年 3 月，同样作为福达计划的子项目“希望金融”正式上线，打开了“互联网金融 + 农业”的开端。“希望金融”

是国内第一家定向服务于“三农”的互联网金融平台。它利用信息技术创新手段，开展致力于农村市场的互联网金融业务，并为广大机构、个人等投资者提供安全、专业、高效的金融投资及顾问服务。“希望金融”上线后的1个月交易额就突破了1732万元。与此同时，新希望六和也已经把做强农业互联网金融上升为未来的重要战略。

在做互联网金融上，刘永好看起来好像如鱼得水。当然，这与其过去的经验积累也不可分割。如前文所述，刘永好对金融并不陌生，民生银行就是成功的典范。但仔细对比会发现，今天刘永好做互联网金融又有不一样的初衷。同时，更重要的是，体现了刘永好与时俱进的金融理念。民生二字，顾名思义，关系民生，从某种意义上讲，这项社会创新服务的对象更为广泛。而今天刘永好再做金融，目标即为与农业结合。刘永好敏锐地洞察到互联网这一时代快车，借助这一工具让自己的金融经验与时俱进，从而让互联网与金融合力为核心业务创造更大的竞争力。

用新远离竞争

迈克尔·波特的竞争论无疑是管理学竞争理论的奠基理论。之所以称其为奠基，不仅是因为其提出了著名的低成本、差异化、聚焦战略，更是因为其理论解释了竞争的根本目的。不是为了竞争而去竞争，实质上，竞争的目的在于远离竞争，即从一片竞争中脱颖而出，而非沉浸在竞争当中。尽管钱·金整合了低成本与差异化提出了蓝海战略，但他们的本质都是如此。能够做到这一点的企业，才算是真正拥有竞争优势。而要拥有并保持竞争优势，需要做出“新”的实践。

要用新远离竞争，如果理解了这一点，就会懂得：集团化在今天看来一点都算不上什么新鲜事，但率先集团化就是“新”。民生银行，也是如此。“新”代表了敏锐的嗅觉，这种嗅觉让企业发现哪里可以远离当下的竞争。刘永好敏锐地意识到这一点，所以让企业率先出新，以此来升华竞争的层次和水平。而以行业的标杆水平来“要求”或“倒逼”自己，就会激励出更多希望，如同“私营企业有希望”。在这样的高水准要求之下，新希望也不负众望，始终保持领先。而进入新时代，刘永好从不避讳，很大方地讲，这个时代就是年轻人的时代。这不禁又让人联想到“私营企业有希望”，因为在今天的刘永好看来“年轻人有希望”。所以，刘永好的“新”体现了敏锐的嗅觉，更体现了与时俱进。任何时代都会成为旧时代，而下一个时代永远是新时代，这意味着要用新去离开竞争，如果可以持续做到如此，就可以持续走在时代的前沿。

第九章

能力：学习是一种风尚

欲治其国者，先齐其家。欲齐其家者，先修其身。欲修其身者，先正其心。欲正其心者，先诚其意。欲诚其意者，先致其知。致知在格物。

——朱熹

一旦一个企业适应了新的环境，它就已经不再是原来的企业，它进化了。这就是学习的实质。

——阿里·德·赫斯

人是要不断学习和追求目标的，要不然就跟不上这个时代。朋友们的知识和经验，让我成长。向前看，也时常回头看看走过的路。别人的榜样，也点燃了我的激情。

——刘永好

陈春花曾说："80 年代，希望体系的发展估计是中国最快的；90 年代，通过收购兼并成为全国第一的私营企业集团；2000 年以后，六和体系通过微利经营，又引领了行业多年的发展。因此，相当长的一段时间，到希望学习、到六和学习，成为一种风尚，我们是有激情、有活力、有创新的民企代表。”今天的新希望，无疑更是行业学习的标杆。然而事实上，标杆的能力源于学习。而当大家都在不断学习进步时，作为标杆，也要不断学习和进步；否则，就无法继续保持标杆的位置。

在行动中学习

在做中学，是现代学习的一个重要思想。成功的创业离不开实践经验的总结和探索。刘永好兄弟创业初期的养鸡经验为后续养殖鹌鹑的进一步成功奠定了基础。有了养鸡的经验，兄弟们在实践中有了更充足的准备，同时，在养殖鹌鹑的过程中进行着新的实践探索。首先，他们对市场上鹌鹑的需求和反应有清晰的了解。其次，依靠钻研，他们总结、掌握了一套养殖鹌鹑蛋的技术，在共同努力下，良种场的点孵化设备也愈加成熟。特别重要的是，他们已经研究出鹌鹑饲料的优质配方。最后，经过养殖良种鸡的过程，刘永好兄弟对商业的规律也有了一定心得，探索出了财务的稳健性原则。这样的原则当然也是从“吃一堑长一智”中学会的，因为他们曾经遭遇空头支票事件差点给农民们带来损失。所以，我们也看到，直到今天的刘永好和新希望都一直保持稳健经营。

良种场在本地初具规模后，刘永好也开始扩大销售。他在不断摸索成都市场后，建立了一些固定的分销商。这些分销商同样都是卖鹌鹑蛋的，通过低价从刘永好手里批发过来后，再卖到市场。下一站，刘永好又把从成都学习到的经验往重庆复制。但与此同时，毕竟已经有地区跨越，刘永好又有很多新的东西需要探索和建立。刘永好给自己定下了方向和路径：首先要打开重庆市场，让育新良种场与这个市场建立关联。其次，必须在重庆迅速建立一个销售体系，找到各个固定的经销分点。最后，要在重庆找到一个代表育新良种场的人做代理，这样相当于自己伸了一只手到重庆。随后，刘永好就开始做事了。一边在各农贸市场寻找专门卖鸡蛋的小铺，确保每个菜场、农贸市场都能找到一两个固定的分销点，一边寻找代理人。重庆是刘永好的老家，他首先想到的是亲戚，因为面对一个陌生的市场，他需要一个更信任的人做代理。接下来，刘永好则带着代理人走访各个市场经销商，教会其销售方法，于是很快建立了重庆的总经销点。在重庆的一周时间，刘永好不仅把带去的鹌鹑蛋全部销售完，更重要的是，建立了经销网络。于是，从成都到重庆，刘永好实现了第一步地区跨越。接下来，同样的学习、复制和探索，从重庆到西安、兰州、哈尔滨等，地域市场逐渐扩大。

而在广告上，刘永好通过不断地探索，率先在中国进行了墙体广告。他让村民们看到，原来自家的外墙还可以赚钱。因此，刘永好在推广企业的同时还让村民们增加了收入。刘永好曾开玩笑地说，“如果说我是中国现代营销鼻祖，我觉得没有什么不准确呀”。这些营销的功力，都是来源于实践的探索。

刘永好在做中学的探索学习之路，正验证了行为学派的学习定律。在桑代克经典的迷笼实验中，一只小猫被装在笼子里，笼子外面放着小猫最爱吃的鱼，这时，行为科学家开始观测小猫走出笼子的时间。一开始小猫并不知道如何才能走出笼子，于是四处乱碰，用了很长时间才出来。第二次又把小猫放回笼子，行为科学家发现这次小猫出来的速度要快一些了。

再放回笼子，第三次，第四次，渐渐地，小猫出来的速度越来越快。于是行为科学家得出结论，原因在于小猫进行了学习。在四处乱碰的过程中，碰对了的地方小猫下次还会去走那里，碰错了的地方小猫下次就不走那里了。久而久之，小猫就掌握了路径。所以，学习理论的核心概念“效果律”就产生了。人们对于可以获得好的结果的行为，下次还会去重复，而对于获得不好结果的行为，下次就不去重复了。实践的效果会塑造人的行为，这个规律就是在做中学的精髓。

所以，我们看到很有意思的是，1982 年就开始创业的刘永好，不像今天的创业者或管理者，可以接触到大量的管理理论。那时的刘永好并没有什么理论可以学习，更多的是通过在做中探索的学习方式来提高自身。事实上，因为管理理论是来源于实践的，而在实践的探索中也一定会摸索出管理的规律。所以，那时的刘永好并没有看过现代营销理论，但却探索出了现代营销的做法。菲利普·科特勒说，如果他可以被称为营销学之父，德鲁克就已经是营销学的鼻祖了。原因很简单，德鲁克早已基于实践提出，企业只有创造顾客一个目的，并且营销是当中的重要职能。实际上，这些事情刘永好在探索中也渐渐学会了，并且是中国企业家中的先行者，所以他曾开玩笑地说自己是中国营销鼻祖。这似乎有些殊途同归的意味，根源在于，他们均在实践中掌握了真理。事实上，作为中国最早一代的企业家，刘永好始终在行动中不断学习，而这三十多年的探索，本身就是一条学习之路。

重视人的学习

再来看看新希望今天最新业务的成长。最近两三年，新希望乳业从业绩呈现、团队风貌，到发展态势都有良好的表现，原因何在？事实上，新希望曾在不长的时间内收购了部分地方乳企，也请了很多专家来管理这些企业，有技术型的、市场型的、管理型的，结果却并不算理想。而随后，新希望也没有再从外面请人，而是从内部提拔，挑选年轻、人品好、市场观念强、敢干敢说敢批判的人。结果，新希望脚踏实地一步一步把乳业做起来了。

刘永好认为，同样年龄的人受过的教育、基本能力也都差不多，关键在于你怎么用他，怎么培养他，是不是信任他，是不是支持他，当你给了机会，他就有可能学习、进步、发展。刘永好说，“假如我们当时没有挑选席刚，他就没有可能像今天这样，带出我们集团最具活力的，甚至是中国乳业最具活力的团队。今天再问席刚，他说乳业不缺人才，不但不缺，还可以输出。所以我们要激活我们的组织，这是典型的案例，我们要向内部榜样学习”。而在新成立的创新集团，新希望乳业总裁兼创新集团 CEO 席刚也在这样做：寻找创业合伙人，然后给这些人机会，让他们像自己一样成长起来。

此外，2015 年，“云教育”诞生，它是新希望六和首创的线下和线上双重培训体系，包括养猪大学和福达云学堂。“云教育”给予新希望人充分的学习机会，直接从企业内部对人才进行大力培养。这项创新开启了农牧企业规模化、标准化为企业和社会培训养殖人才的先河，成为国内首家提供猪场现场生产培训的机构。

全国布局实地培训的养猪大学致力于为企业培养养猪标准化操作技能人才，同时面对行业向养殖农民工赋能，输出标准化产业工人，扶持家庭农场，提供标准化养猪相关解决方案。

而建在网上的福达云学堂则完全解决了员工分散、集中学习难的问题。新希望六和的业务涉及八条事业线，业务范围遍布二十多个省，员工六万多人。对于如此庞大的规模，如果完全采用传统的课堂式教育，成本和难度都很大，并且未必有好的成效。因此，新希望建立了 E-Learning 在线学习系统。云学堂作为福达计划云系统的一部分，能够承载大量用户同时进行在线学习，辅助福达计划升级员工农牧知识，为线下培训做准备。

新希望集团在内部人才培养方面除了上述两大培训体系之外，还实施了“管理培训生计划”“新动力计划”“专才计划”，开设了“新希望海外研修班”“新希望后备干部培养班”“中青年干部培训班”，还与一些跨国企业达成合作，互派人员。这些措施都进一步提升了新希望人的学习能力。

当今时代关于组织变革的动力已经毋庸置疑，大家都有共同的结论，为了更好的生存和发展。但在组织变革或组织发展的理论和实践领域中，要解决的关键问题是消除变革的阻力。事实上，很多时候我们对组织发展或变革的阻力只理解了一半。很多企业会认为，因为人们持有的习惯或固有的惯性，大家都不愿意去接受新的变化。因此，组织发展或变革的领导者要不断出来讲变革和发展对企业和大家的未来有多么重要，甚至要拿出一定的物质利益做驱动。但事实上，当做到这些时就会发现，组织变革和发展仍然难以推动。原因在于，很多企业都忽略了另一半。在组织发展的过程中，人们真正担心的是自己的胜任力不够，不具备足以支撑未来发展所需要的能力。所以，刘永好在这一点上就做得恰到好处。从某种意义上，农业算不上最为前沿的行业，但又必须融入时代的前沿。在整个组织发展的过程中，刘永好非常自然地把最前沿的技术融入企业，带给员工，通过这种自然地学习，实际上在潜移默化的过程中消除了人们对未来的恐惧感，提升了人们对未来发展的胜任力和信心。这时，企业的发展就变成顺理成章的事情。

向领先者学习

早在20世纪90年代初期，刘永好就开始向全球领先企业学习。刘永好兄弟曾到美国纽约考察，对于刘永好兄弟来说，美国无疑是发达国家的代表，他们很想看看，这个国家究竟是什么样子。到纽约后，他们首先去了华尔街，真切感受到那里的商业氛围。唐人街书店里有我国港台翻译的介绍美国世界级企业的中文书，当中也包括美国嘉吉等农业巨头。对这些全球领先企业的了解和学习，大大拓展了刘永好发展新希望的视野。

今天的新希望早已成为行业领先企业，但刘永好仍然保持着虚心学习的习惯。例如，刘永好会非常认真地学习特驱经验。特驱集团虽然在规模、人数、影响力等方面跟新希望有一定差距，但却是行业公认的非常有活力和发展前景的企业。通过认真分析和学习特驱，刘永好也从中大有收获。

刘永好认为特驱集团的王德根非常接地气、非常勤奋、脚踏实地。华西希望董事长陈育新也说，“特驱这几年发生翻天覆地的变化，主要有两点：一是近几年销量、利润和销售额年均增长超过 50%；二是聚焦乳猪料、教槽料等高端产品”。成都是全国饲料竞争最激烈的区域之一，但王德根带领特驱集团在那里站稳了脚步。王德根平均每天工作十几个小时，甚至到有关工厂里住上好几天，向技术和管理骨干请教经验，然后总结出自己的企业该怎么做。同样，王德根也研究过新希望和其他行业领先企业，对市场非常了解。王德根非常会做人的工作，他跟主要干部谈心，让他们愿意跟企业一块儿走，坚决不把岗位用作人情安排。另外，他也大胆起用年轻人，建培训学校。特驱集团培训的目的非常明确，就是要培养对企业忠诚、有贡献的人，让这些人和公司一起成长。特驱培养人才也有自己的办法，自己编撰教材，自己的员工授课，针对销售、内控、信息化等内容进行精准的培训。这些都是刘永好对特驱团队管理的学习和总结。也或许，只有真正能够发现和肯定领先者或同行的优秀之处时，才能从中学习和受益。

除此之外，刘永好还向特驱集团学习管理创新。特驱集团有好的创新后，会选择某一个试点，并不断完善，形成好的管理模式，再推广到其他地区。这就相当于把这个试点办成了干部培养中心、“黄埔军校”。刘永好认为，今天新希望非常需要建“黄埔军校”，树立典型和榜样，新希望要先抓住几个点，总结经验，做好样板，形成固定的管理模式再推广出去。因此，新希望每年提拔管理者的指标中 20% 要给 30 岁以下、在公司工作 3 年以上的大学生，给年轻人打通晋升通道，这样，企业的激情活力就更为高涨了。

刘永好通过学习还发现，高度信息化是管理创新的重要保障。以前特驱集团信息化做得不算太好，但现在是行业里做得很好的企业之一，包括财务信息化、统计信息化，以及采购、供应、生产、养殖、客户管理等环节的全部信息化。通过学习，刘永好明确提出，新希望信息化必须达到行业的最高水平。王德根在推行信息化的时候，也曾碰到经理人、财务人员有一些看法和抵触，但他仍然做出了坚决的调整。通过借鉴别人的经验，刘永好和新希望也树立起了坚定的信心，同时借助有效的培训，完成了新希望的信息化改造。

曾有哲人讲，人生应该有三面镜子：第一面是放大镜，用来放大别人的优点；第二面是显微镜，用来看清楚自己的不足；第三面是望远镜，指要看得长远。遗憾的是，现实中人们常常非但没有望远镜，还习惯于将放大镜和显微镜反过来用，习惯于放大自己的优点，看到的则更多是别人的不足。可如果这样，又怎么进行学习？这样的价值又何在？刘永好的学习之路让人清楚地看到，要看到别人的优点和自己的不足，才能从中学习，并有所收获，而这本身，就是一面望远镜。

学会管理

管理学作为一门学科，相对其他社会科学与自然科学，还比较年轻，约有百年历史。而管理之所以成为一门学科，在于其可以被学习。纵观管理学科发展百年，管理能成为学科，泰勒和德鲁克功不可没。

在对企业进行研究之前，德鲁克是一名社会学者。1939 年，德鲁克在他的第一部著作《经济人的末日》中指出，“那些自愿放弃社会的个人，既已不受‘经济人’社会概念束缚，一定会创造出新的、非经济的社会内涵，并在其间赋予自由”，这正是德鲁克倡导的自由平等的新社会。1942 年，德鲁克在《工业人的未来》中得出结论，企业将成为未来社会的基本单元。美国社会的自由信仰将依托于企业来实现，优秀的企业会赋予人以真正的自由和成长，因此，德鲁克开始了其企业研究。

1911 年，泰勒《科学管理原理》的出版引发了美国的效率革命。实施效率工程的福特汽车公司在 20 世纪 20 年代已经占据过半的市场份额，但其成长并没有延续。在高度集权和监控之下，管理者失去了自由和成长的空间，因此，福特在当时并未成长为一家真正意义上的大型企业。与之相反，通用汽车却取得了持续的成长。《工业人的未来》出版后，德鲁克深入通用汽车公司，研究其成长的原因，于 1946 年写出《公司的概念》，总结了分权组织的管理概念。随后，福特公司开始学习这一概念并重获生机，诸多美国企业、日本企业及非企业组织等都在学习这一概念并获得成效。因此，德鲁克让管理变成了一门有重要应用价值的学科。如德鲁克在评价自己一生的重要贡献时所说，他创建了管理这门学科，原因就在于，他总结了管理的基本规律，并让管理的规律得以学习和复制，让管理者真正学会管理。

管理理论与企业实践密不可分，我们可以看到，福特汽车和通用汽车在管理发展史中的重要地位，也因此，在某种意义上，这两家企业对美国工业，甚至整个经济的发展都起到一定的引领作用。显然，汽车业早已成为美国引以为豪的事业。但 20 世纪 70 年代开始，当以丰田为代表的日系汽车开始大幅占领美国市场时，这如同一个信号，让美国人警醒，他们开始意识到，他们曾经最引以为豪的事业神话被打破，甚至整个企业界和美国经济要开始全面接受日本的挑战。

何以应对？美国的选择方式依然是学习。通过学习，让自己更具管理能力。美国的企业界和学界开始向日本企业学习，以研究日本企业为基础，在 20 世纪 80 年代出版了四部作品：《日本企业管理艺术》《追求卓越》《Z 理论：美国企业如何应对日本企业的挑战》《企业文化：企业生活中的礼仪和仪式》，通过向日本企业学习，美国企业学会了一种重要的管理能力——企业文化。麦肯锡著名的 7S 框架即来源于《日本企业管理艺术》，同时，汤姆 · 彼得斯以学习日本企业总结的 7S 为基础分析美国自身，总结了美国优秀企业的文化特征供更多美国企业学习，所以有了至今在商业界仍有重要影响的《追求卓越》。

随后，美国还发表了一系列有重大实践意义的学术论文，包括杰伊·巴尼于1986年在《美国管理学会评论》发表的“组织文化：能否作为持续竞争优势的来源”和其于1991年在美国《管理学报》发表的“企业资源与持续竞争优势”，以及普拉哈拉德和加里·哈默于1990年在《哈佛商业评论》发表的基于美日企业对比分析的“企业的核心能力”。这三篇论文就是我们今天常谈的“资源和能力”的理论来源，它们引领企业更加重视打造自身的“资源和能力”，同时，强化了企业文化本身就是一种核心竞争力，因为其形成是一个漫长的过程，冰冻三尺非一日之寒，要模仿没那么容易。事实证明，通过八九十年代的持续学习，美国企业和美国经济重拾并进一步巩固了自己的竞争力，因为学习，才有了美国的创新与超越。

因此，纵览管理学科发展百年，无论是管理学科的形成还是管理能力的培养，学习都是关键要素。如果企业家不懂得学习，也就学不会管理。这是管理学科百年的经验和规律。刘永好正是遵循了这一基本规律，才有了他本人的能力，以及新希望的能力。刘永好做得是一个持续学习的过程，同时，刘永好也善于向后来者学习，如向特驱学习管理能力。事实上，管理百年历程早已验证了这一点，不论是20世纪中期福特重新学习通用汽车的经验，还是20世纪七八十年代开始美国向后起之秀日本学习，如果不进行学习，企业就不具备维持或保持领先的能力。

《论语》中讲，三人行必有我师，最近几年，刘永好更是提出了案例研究的学习方式，在企业开会时学习各行各业的优秀企业案例。例如，刘永好请雷军到新希望来分享小米经验，有意思的是，尽管看了黄铁鹰老师的一本名为《海底捞你学不会》的书，刘永好依然请同为川商的海底捞董事长张勇到新希望来分享。

管理学百年的实践也证明，没有什么是学不会的，只是我们愿不愿意去学，肯不肯花心思和精力去学习、去培育。在这一点上，刘永好本身就是值得我们学习的表率。

第十章

人才：柔性管理

或相倍蓰而无算者，不能尽其才者也。

——孟子

我认为企业实践将会取得长足进展，如果这些实践受到“女性”准则的引领——比如爱、关怀和直觉。

——阿尼塔·罗迪克

人是要保持谦卑和感恩的，否则就是误读了这个时代。

——刘永好

在被问及如何形容自己的管理风格时，刘永好这样回答，“其实我不是一个特别强势的人，我还是一个比较尊重、懂得分享和比较柔性的人”。他说：“首先，你不要把人压着，强迫别人去做，而是要让人家觉得愿意、高兴这样做，我觉得最好。第二，我觉得培养年轻人是非常重要的，自己以身作则，我自己率先调整。另一方面，我觉得我要看重学习，对新鲜事物、新的东西容易接受”。借助刘永好自己的话，我们将他的人才观定位为“柔”。这是一种灵活的管理方式，充满了对人性的理解和尊重。

以人为本，柔性激励

作为一位率先在我国推广人力资源管理的学者，赵曙明将德鲁克作为其人力资源管理学术研究的榜样，因为人力资源的概念正是由德鲁克在1954年的《管理的实践》中提出来的。正如德鲁克的观点，人是企业最重要的资产，而要雇佣一个人，实际上并不只是雇佣了一个人的双手，而是雇佣了整个人。这意味着，在关注人的工作之前，要先关心人。

汶川地震后，刘永好和同事们第一时间赶去现场救助。刘永好带着同事们准备从灾区往回走的时候，已经深夜11点多了。每个人都饥肠辘辘，大家清点了一下车里能吃的东西，只有一点饼干、糕点和一个苹果。刘永好突然想起自己登机前忘记吃的便当，赶快对同事们说："我包里有个盒饭！"于是，就这餐"饭"刘永好做了分配：饼干和糕点司机们吃，放在保温盒里的便当给两个同事吃，自己吃那个苹果。

事实上，刘永好也的确在切实关心员工的生活。他设立了"爱心基金"专门用于资助公司的困难员工和救助员工的直系家属。此外，还启动了暖心工程，对基层员工进行特别关爱。在暖心工程中，刘永好要求不仅对员工进行两堂一舍的充分配备，而且还要针对南北方，分别按照其生活特性配备不同设施，实施员工奖励。暖心工程涉及国内外400多个厂，涵盖新希望集团所有分公司人员。

刘永好对员工的激励不仅仅表现在物质上，还有一部分是非物质奖励。刘永好为员工提供了广阔的发展平台，实施了“管理培训生计划”“新动力计划”“专才计划”“三英工程”等员工成长计划，开设了“新希望海外研修班”“新希望后备干部培养班”“中青年干部培训班”“管理人员 EMBA 课程”等进修项目，同时，事业经理人或者称之为内部合伙人制的“四大创新平台以及 20/30 计划”也在推行中。这些方式对追求进步与发展的新希望人有强大的吸引力。

刘永好在进行员工激励时，灵活地将物质激励与非物质激励相结合，以物质激励这一基础性的激励办法，满足员工的较低层次需要，用非物质激励的方法满足员工对尊重和自我实现的高层次需要。刘永好的实践与科学的激励理论是一致的。同时借助刘永好的实践，我们可以让理论更加接近于现实。马斯洛的内容激励理论把人的需要划分为从生理到自我实现的级进层次，但其级进原理认为，人的这些需要是由低到高逐渐实现的。今天组织管理面临的新现实是，人们同时存在各种需要，即对于很多人来说，尤其是对今天的年轻人而言，低层次的物质需要和高层次的成长需要是同时存在的，甚至对成长的需要更大。刘永好的柔性激励也同时兼顾了这两个方面，而非刻板地认为只有低层次的需要满足了之后，高层次的需要才会出现。

简化组织，下放权力

管理学认为，管理者有三项技能，即技术技能、人际技能及概念技能。对于高层管理者而言，概念技能是最重要的。所谓概念技能，一方面是指洞察力，即管理者要敏锐和富有远见；另一方面是简化力，即管理者要能把复杂的问题简单化。作为一个高层管理者，刘永好的柔性表现在简化组织，让组织更平，这样人们就能有更多的权力和精力去专心工作。刘永好很早就意识到要简化组织。2002 年全国“两会”期间刘永好接受媒体采访时说，“面对全球化竞争，由于我们条件差，市场经济还在初级阶段，民营企业还是小学生，所以我们就要学好小学生的基本功，学会加减乘除”。而所谓减，就是刘永好所说的“减去自己不必要的职务”，包括他在每个公司所担任的董事长之职。

事实上，经过多年的积累，新希望已经聚集了一大批管理人才和技术人才，这让刘永好得以有条件做自己的减法。刘永好在把自己的职务减到只任三家公司的董事长后公开表示“还要减”。于是，2013 年刘永好让出了上市公司最重要的位置给了以刘畅为代表的新一批创业家。用东方的太极智慧来看，阴阳同时存在。如此一来，这个减法本身就包含了加法。这意味着，刘永好可以有更多的精力去做其他事情。所以才有了草根集团，这是刘永好事业架构中的又一个新希望。草根集团同样保持了组织的柔性，命名草根，本身也意味着草根的权力最大、希望最大。这些草根的角色是合伙人，他们是企业家和老板，是资源的使用者。刘永好的角色更多的是草根的支持者，就像刘永好所说的，他支持年轻的创业家们把事业做起来。这就使整个组织关系变得很简单，没有庞杂的权力系统，谁在一线做事情，谁就拥有真正的权力。

从这个角度，弗里德曼说21世纪的世界是平的，实际上组织也应该是平的。说世界是平的，是因为世界中的各个国家已经在一个平台上，都可能呈现爆发式的增长，就像是今天的中国和印度。从刘永好的实践来看，今天的组织又何尝不是呢？组织中的个体也已经处在同一个平台，每个个体都有机会展现出未来的成长空间，因此，组织是平的。或许与弗里德曼所说的“世界是平的”的不同之处在于：组织是平的，前面无需加上时间或者是限定21世纪，事实上，从管理的开始就注定了这是组织应该保有的分权属性。

用流水线规模生产的亨利·福特被誉为天才，是汽车时代取代马车时代的重要贡献者。但从管理的角度，他却算不上最伟大的管理者，这是德鲁克在创立管理学科时论证的经典案例。亨利·福特的特征是极度集权，尽管福特公司不断壮大，但依然是用小企业的方式管理企业。借用德鲁克的结论，因为亨利·福特身边“缺乏管理者”，致使福特公司20世纪20年代在大幅领先的开局下败给了通用汽车公司。亨利·福特的刚性集权已经到了极致，他不相信身边的管理者，甚至派人秘密监视管理者们的一举一动，致使身边的人都离他而去。在这种情况下，企业当然无法壮大。而同期的斯隆则在通用汽车进行更为柔性的分权管理，让通用汽车率先成为一家大型组织。所以，分权，本身就意味着管理。这也是德鲁克借助经典实践赋予管理的分权内涵。

除此之外，分权更重要的意义在于，通过分权，身边的人得到成长，而组织未来的发展正是依靠一批出色的管理者，而不是创业者一个人。事实上，组织本身就不是一个人的事，构成组织概念的第一个要素就是要有一群人，而非一个人。用刘永好的话来讲，他要做的，是鼓励一批事业型经理人的出现，而这些事业型经理人，无论来自原有业务还是最新的草根集团，正是新希望现在和未来的创业家。或许刚性、集权，甚至不信任他人，过于自信、自负，这些都是很多“天才”式人物的特征，但无论如何，这都无法成为管理不当的理由。因为当这样做时，作为一个组织的管理者，并未对组织未来的发展贡献出成效。在这一点上，刘永好为我们呈现了非常积极的一面，一个懂得柔性、分权、信任的企业家，才是可以发挥管理成效的人。这就是刘永好的实践进一步带给我们的柔性分权要义。因此，有些时候，懂得“大智若愚”要比做一个“天才”更有智慧。

低姿求贤，广开言路

刘备“三顾茅庐”的故事我们已经耳熟能详，而在现实社会中，刘永好作为新希望的领导者，为了寻求人才也走了刘备“三顾茅庐”之路。

1998年，新希望农业公司上市，在面临上市与人才短板的拮据时期，黄代云和沈绪安加入了新希望，同时加入的还有宋祖慰和邓幼强。加入之前，沈绪安是四川金路集团的总裁，黄代云为金路集团的常务副总裁，宋祖慰是神龙富康的第一位中方总经理，邓幼强是西南财经大学的金融学教授。四人中除宋祖慰主动要求担任顾问一职外，其他三人都出任了高管职位。这四位人才当时在新希望被称作“云蒸霞蔚”。很多人会想，当时的刘永好是如何请到这些在大型国企身居要职的人呢？

以黄代云为例，刘永好曾向一位熟悉黄代云的朋友透露自己的求贤之心，对方一听连连摆手：“我看不容易，当年请他当总裁他都不肯当，他的志向很大。”过了一段时间，刘永好再次向黄代云提起加盟新希望的事情，黄代云回答：“唉！还没想好。”事情就又耽搁了一段时间，直到1977年4月的一天，刘永好约黄代云到成都，见面地点是四川体育馆，当时正值四川羽毛球队要出征第八届全国运动会，省长出席了出征仪式。以此为契机，在省长的协助下，刘永好逐渐找到了突破口。但新的问题是还要过黄代云家属一关，于是刘永好继续努力，将黄代云及其夫人一起请到新津老家来做客，同时请自己的几位兄弟一起来陪客人，这一系列举动最终感动了黄代云一家。就这样，在长达半年的躬身求贤中，7月黄代云开始着手辞职，并于9月正式入职新希望，出任农业公司总经理。

东方管理创始人、复旦大学首席教授苏东水提出了“人为为人”的管理理念。管理的本质是“人为为人”，而管理的前提是“人是最大”。人是最大，意味着人是组织中最具价值的要素，是组织活力的源泉。事在人为，所谓“人为”指管理者的一切作为。为了他人，所谓“为人”表达了管理的宗旨，是一种利他的价值观。因此，“人为为人”意味着管理者的一切作为都要有益于身边的人，而这些人不论在组织内外，不论是员工还是顾客，这就是卓有成效的管理者的作为。

所以，懂得“人为为人”的管理者，与其共事的人就会觉得舒服，刘永好就是这样的人。记得 2013 年陈春花出任新希望六和 CEO 之前，笔者曾有幸与她讨论选择出任 CEO 的动力，事实上，在别人眼中，她已经桃李满园，也曾作为总裁带领六和集团取得优秀业绩，印证了理论的实践价值，尽管如此，她依然愿意去新希望和刘永好一起承担企业转型的重任。这就到了最根本的点上，激励的期望原理告诉我们，人们做其能够做和愿意做的事情。反过来，如果一个人不去做某事或者做某事动力不足，一定是在能力和意愿当中的一个或两个方面出了问题。而对于有才能的人，关键点则在于意愿。所以“愿意”两个字至关重要，无论是古时的刘备还是今天的刘永好，低姿求贤、携手并进，就是融化意愿的一种有效柔性。

除了低姿求贤外，刘永好的柔性还体现在广开言路上，而不是强势的自我做主。在访谈过程中，刘永好身边的工作人员都有一个共同的印象：当一个项目提案摆到刘永好面前时，刘永好很少快速做出反应，他会咨询多个业内人士，反复听取身边人的意见，一丝不苟地把这些意见记录下来，综合吸收后再做决策。如新希望集团董事副总裁唐勇所说：

“他很谦虚，很多老板是听不进去不同意见的。但是，只要你讲出道理来，他一定会接受。个别时候他可能会不高兴，但是，事后过几天，他想明白了，一定会通过某些方式告诉你，你说的是对的，应该这么做。而且，他能听取别人意见的这种时候是多数时候。”

实际上，刘永好广开言路的习惯从兄弟们创业时期的集体决策就已经开始了，甚至更早。

理论上讲，一言堂和群言堂都各有说辞。一言堂的倡导者有一个假定，如果有一个天才在，就可以获得最优或最完美的答案，而不用去管其他人的说法，也就是我们常常听到的，真理可能在少数人那里，而这样做，又快又准。群言堂的倡导者也有一个基本假定，如三个臭皮匠赛过诸葛亮，即便大家都不是最优秀的，但是群策群力，或许得不到最优的答案，但也差不到哪里去，也会产生一个不错或者满意的答案。

但刘永好用实践告诉我们，这两个假设其实都只走了一步。在某种意义上，决策最重要的并不是决策本身，而是决策能否执行。刘永好善用群言堂的方式，一方面可以集结大家的智慧，获得比较好的决策；另一方面，因为大家的参与，使得这个决策更易于执行，这就是令人满意的决策，更确切地讲，是令众人满意的决策。除此之外，管理者必须接受的现实是，企业不可以过于依赖一个天才，哪怕这个天才是自己。况且现实中很难讲谁是真正的天才，而管理者身边的人又极少是所谓的庸才。实际上，人们的能力虽有高低，但更多的是各有所长，在这种情况下，重要的是集结并释放大家的智慧。这就是刘永好用实践告诉我们的答案。这个答案甚至可以进一步丰富理论，西蒙把管理定义为管理就是决策，借助刘永好的实践，这个定义还可以再推进一步，管理实际上是决策的执行，而要使决策能更好地执行，广开言路无疑是一个让人满意的方式。

以柔克刚，刚柔并济

当然，刘永好的柔性管理并非仅仅只有柔性，也不是为了柔性而进行柔性。因为柔性，刘永好吸收到出色的人才，也因为柔性，刘永好可以吸收到众人的集体智慧，让员工可以释放自己的才干。在某种意义上说，可以称之为“以柔克刚”。如同德鲁克用人所长的观点，如果一个人非常有才干，但是他的脾气不太好，这又有何妨呢？事实上，也的确存在很多有才能的人是比较“刚性”的。管理者的重点应该是包容他的脾气，释放他的才干。这也是刘永好的柔性，给身边的人足够的尊严、尊重，甚至足够的权力分配，敢于放下自己的身段和架子、不惜拿出自己的权力和资源，而这样做，重点在于让身边的人更有价值。也只有如此，才能让人更有尊严和激情去工作、更有权力和动力去完成工作。

与此同时，在人才管理上，刘永好又并非单纯地只使用柔性，而是刚柔并济。一方面，通过柔性的方式表达出对人的理解和尊重；另一方面，刘永好也非常善用制度，以此来表达新希望的组织规范，让价值理念进一步明确化，从而有了人们的行动准则。

拜访新希望时，几乎走访的每一位管理者都向我们提到了《新希望经理人行为准则》，尤其是讲到自己在做的一些事情时，会不由自主地讲出准则中的某几条。当我们请新希望集团办公室为我们提供一些研究资料时，我们并没有刻意去提这份准则，而集团办公室却把这份准则连同刘永好的重要事件一同提供给我们。这也从另一个侧面反映了这份准则的分量。这份准则包含十个项目，内容如下。

我们一起缔造像军队像学校像家庭的企业；一起缔造阳光、规范、正向的企业文化。

我们务必了解，我们的生存之道是勤奋、简朴与务实，要以小企业的精神做大企业的事情。

我们没有特殊的员工，也没有特殊的管理人员，要将自己置于被监督之中，廉洁、规范，保持道德水准，遵从法律法规。

勇于也乐于担负责任，热情地帮助客户和团队成员，在此过程中获取信任和尊重。

我们的能力、经验和水准，是在持续的力度和速度的执行中被检验和强化的。

聚合产生力量，聚合无边界。永远站在企业大局上开阔地思考，长远地行事。

适应和包容多样的价值观和行为模式，支持和帮助他人发挥潜力，欣赏和感恩是高尚的人格。

致力于不间断的学习，包括阅读、倾听、讨论和写作，以取得和保持高水准专业技能，并快乐自己的人生。

发自内心地欢迎变化，因为机会蕴藏其间，更重要的是保持对变化发生的敏感，敏感度是管理人员的水平仪。

爱护自己的家庭、身体、事业和声誉。

走访过新希望、研究过新希望之后再来品读这份准则，就更能感悟到刘永好柔性管理的魅力。制度本身是刚性的，而这些准则又体现了刘永好和新希望的柔性，充满了人性关怀。如果制度缺失了人性的关怀，制度就仅仅沦为制度，或者说变成了为了设立制度而设立制度。如果这样，哪怕执行再好的制度，也失去了意义。而反之，在某种程度上，制度之所以可以获得更好地执行，也在于制度本身是否富有人性，是否可以获得人的理解和认同。事实上，从东西方的传统文化来看，西方更为强调“法治”，而东方略偏重“人治”。刘永好的柔性管理无疑融合了东西方的文化智慧，既有人情、又有制度，同时又将理念制度化、标准化。这就是刘永好的柔性管理，用以柔克刚、刚柔并济的人性理解、包容与关怀，来最终获得和释放人的价值。

柔性主义

如德鲁克对领导力的定义，领导力就是让平凡的人变成不平凡的人。因此，激活人的价值是领导者的重要工作。巴纳德把领导力定义为，领导者的行为的质量。换言之，只有领导者的行为具备有效性时，才真正具备领导力。与此同时，巴纳德指出，这种有效性不仅仅取决于领导者的个人特质，还取决于领导者的情境。因而有了权变领导理论，当中有两个持有不同视角的经典理论。一个是费德勒权变理论，其站在领导者的角度思考，即“不以成败论英雄”。领导力不够，可能不是领导者不行，而是与其所获得的支持力度有关系。这种理论认为领导者的风格是不易改变的，应当让环境来适应领导者。领导者要发挥效力，环境必须对其提供足够的支撑。另一个是赫塞－布兰查德的权变理论，其站在下属的角度思考，即“没有不好的士兵，只有不好的将军”。领导者一定会面临各种各样的下属，他们完成任务的能力和意愿都不同，因此，要保持有效，领导者应当像孙悟空一样，是拥有“七十二变”的多面手，领导者自己要有足够的风格以调整适应各种各样的下属。

两种理论各有各的立场，虽有分歧，但也的确存在一定道理。而刘永好所呈现的柔性主义，似乎是实现了两种理论的合体。一方面，他在努力为管理者打造平台支撑。事实上，如果我们读懂费德勒的权变理论，就一定会懂得：为什么同一个经理人在一个组织做得非常好，但换了另一个组织可能又不那么有效。除了管理者自身能力外，这与整个组织的支撑有关。所以，刘永好会为新的管理团队和年轻人提供组织支持。另一方面，刘永好又在用非常灵活的方式与新希望的全员相处，如他所说，自己一定是用柔性的方式，来让员工愿意去做事情。无论是温暖人心还是权力下放，都让不同的人能够感受到自己的价值并去努力释放自己的价值。同时让管理者和员工都释放效能，这就是刘永好的柔性主义，如水一样的管理艺术。

后 记
Postscript

要懂得企业，读懂企业家的管理思想必不可少。因为这是现象背后的力量。如管理研究的重要奠基理论“高阶理论”的观点，最高领导者决定着组织的命运，组织实际上是最高领导者的反映。基于高阶研究视角，对于新希望这家企业，我们自然会把目光重点放在刘永好身上。

当然，和任何研究一样，研究刘永好先生，首先还是需要理性地回答驱动我们研究兴趣的是什么？让我们感兴趣的，在于刘永好是一位非常契合“中国情境”的中国企业家代表。刘永好的“中国情境”体现为三点：

（1）草根出身。严格来讲，刘永好虽不是出生在农村，但家庭出身普通，甚至生活非常艰苦。这是改革开放以来中国成长起来的一批卓越企业家的共同特征。

这意味着，创业的成功，依靠的是真正的实力。今天尽管已经有不少的“官二代”“富二代”，但更多的创业群体仍是草根阶层，这也是国家的万众创业导向。这就需要探索真正的实力在哪里，它对草根和“二代”都有帮助。

（2）扎根农业。中国是一个农业大国，刘永好通过创立新希望引领了中国农业的发展，造福了百姓。中国企业，要真正做到某个行业的世界第一，农业行业的潜在可能很大。刘永好创立的新希望已经是中国第一，并且在世界也占据前列。基于持续的行业扎根和扎实的管理实践，从中国第一到世界第一，刘永好和新希望有希望。

（3）政治环境。回顾刘永好带领新希望成长的过程，三十多年中得到了政府的很大帮助和支持。刘永好本人甚至成为第一位担任全国工商业联合会副主席的民营企业家。这在一定程度上具有明显的中国企业成长特色。但这对很多企业而言，在很多时候可能是可遇而不可求的。但是更多企业需要反思和认识到的是，为什么政府会帮助刘永好和新希望？其实刘永好和很多人一样，都是草根出身。

从草根到大企业家，扎根一个行业持续深耕，良好的政商关系，这些都让我们认为刘永好是一个非常值得深入研究的中国企业家典型。研究刘永好，我们认为既可以为更多草根创业者、企业家和管理者提供精神食粮，同时，也可以为他们带来一些如何有效实践的“干货”。从理论研究的角度，也可以让研究者看到中国情境下企业家的核心理念和卓越作为。

看待一个人的成功，可能有不同的角度或多个方面。例如，天性、个人背景、后天努力、人格、专业水准，甚至是运气。但是，看待一个企业家的成功，我们更愿意聚焦在管理的角度。一方面是因为从我们自身专业的角度出发，我们可能更热衷于一项管理研究。但另一方面，更重要的是，如同德鲁克的诊断，管理是盘活企业的一项重要手段。同时，管理不像是天性、家庭背景、运气这些，管理之所以可以成为一门学科，在于其是可以学习、可以不断复制和加以应用的。因此，研究刘永好，我们聚焦于他的管理思想。

我们的研究人员长期对新希望等领先企业进行跟踪研究，有幸参与了近年来新希望六和组织变革的过程，并于 2013 年暑期深入到新希望一线片区进行调研，同年还参加了第十届中国畜牧饲料科技与经济国际高层论坛，这些前期积累为我们进一步研究刘永好奠定了基础。在对刘永好的访谈开始之前，我们还做了一些专门的研究准备。我们阅读了刘永好授权的个人传记《藏锋》，查阅了关于刘永好和新希望的一些媒体报道，观看了以往公开的一些刘永好的视频资料，在诸如此类的观察基础上，我们整理出了进一步向刘永好进行访谈的若干问题。这些问题涉及多个方面，如刘永好的个人成长、新希望现阶段在做的重要事情，以及刘永好对于新希望未来的期望和安排。

访谈于 2015 年暑期在新希望集团总部进行，我们的关键问题都得到了刘永好的解答。更让我们更加欣喜的是，刘永好对一些最新的重要事情进行了详细的阐述，例如，ASA100、新希望的干部年轻化和国际化，以及草根知本。为了对刘永好和新希望有更多的了解，我们还先后访谈了新希望集团董事副总裁唐勇及新希望六和联席董事长兼首席执行官陈春花，也访谈了几位在新希望有多年工作经验的新希望人，包括新希望董事长办公室李佳、集团办公室丁晨轩，以及新希望六和行政部的李朝辉，此外，还有新入职的员工李艳玲。除了通过访谈获得研究资料外，新希望集团也为我们提供了大量的内部资料，包括刘永好的重要内部讲话、新希望大事记、刘永好和新希望的重要活动照片、刘永好以往的访谈资料、新希望集团内刊、新希望集团企业文化故事，以及新希望经理人行为准则。这些宝贵的资料为我们提供了可靠的研究基础，更让我们对所有人的帮助和参与充满感恩。

管理研究通常有不同的方式。有的是从文献出发，借助文献综述提出若干概念间关系的假设，然后通过发放问卷收集数据做统计分析来对假设进行检验，这类研究从属性上讲，属于验证性研究；还有的研究事先并没有预先的假定，而是直接从实践入手，总结出当中的管理概念或规律来，这类研究属于探索性研究。因为是对企业家的研究，对实践性的要求更高，因此，我们的研究更倾向于后一种研究方式。

由此，整体来看，我们的研究属于一种探索性的案例研究。而我们又进一步借助历史研究的方法论来指导我们的研究。历史研究是哲学社会科学研究的重要方法，同时，也是经典管理研究所使用的重要方法。我们在研究时整合了历史研究在社会科学研究与经典管理研究中的应用，形成了指导我们的历史研究方法论。

第一，案例研究，以史为鉴。1961 年孔茨发表的《管理理论丛林》将德鲁克视为案例学派的代表人物，德鲁克的案例研究也称经验研究，旨在通过对企业管理实践的成功经验或失败教训的回顾获得可以有效指导未来实践的知识和理论，这与中国哲学学术中“历史是前车之鉴”的逻辑是一致的。因此，这指导我们的研究要包含刘永好的重要经验，以为中国企业和企业家提供借鉴。

第二，管理者认知的形成基于过往的经验。历史在中国哲学社会科学研究中的要义并不止于前车之鉴，更重要的在于解释成因，即“现在不能说明现在”。正如吕思勉所言，知其历史，方能知其所以然。个体之所以成为现在，由其出身和经历造成，这与管理研究中的“高阶理论”非常一致，即管理者的认知、价值观、个性等的形成与过往经历息息相关。这一点帮助我们理解了刘永好为什么成为现在的样子，甚至新希望为什么成为现在的样子，指导我们从刘永好儿时的成长经历就开始追溯，从儿时的不畏困难、心怀美好，以及儿时的兄弟齐心协力开始，就已经奠定了刘永好的合作习惯，这种习惯恰恰契合了组织的本质，同时富有东方智慧，如《孙子兵法》中所讲，“如左右手”以及“携手若使一人”，只有如此，方能“同舟而济”。

第三，以历史作为控制变量。要理解这一点，可以通过一个简单的问题：微软和苹果谁更加成功？我们没有办法直接回答，必须加上时间范围，这就是用历史做控制变量。这是柯林斯研究《基业长青》《从优秀到卓越》《选择卓越》等的方法，将研究对象限定在一段历史时期内，从而获得这一时期内最有价值的部分，超出了这一范围则不在研究范围以内。

如柯林斯将微软公司和苹果公司作为对照组，微软公司作为成功者，苹果公司作为不够成功者，原因在于时间范围是 20 世纪八九十年代。

将历史作为控制变量，带给我们两方面启示：一方面，没有绝对成功的企业，企业的成功必须赋予时间的坐标。所以，我们认为，如果真的有成功企业，应当是一个有生命力的企业，而非规模大小。这也是我们评价企业的基准，新希望和刘永好之于我们的意义，不在于有多大规模和多少财富，而是作为改革开放后最早创业并持续成长三十多年的中国企业和企业家代表。另一方面，企业在任何一个历史时期的成就一定取决于其在那个历史时期中的作为，过去、现在、未来皆如此，而现在就是未来的历史。这让我们相信，十年、二十年，甚至更久之后，我们的研究依然有价值，因为我们呈现了一定历史时期内中国有代表性的企业家的实践及思想总结，而这些思想，通过后续的学习和进一步实践，会贡献持续的价值。

在整理好一系列实践研究资料后，我们开始了对刘永好管理思想的探索。德鲁克对管理的三段论为我们的探索提供了一盏明灯，这三段分别是使命、责任和实务。这启示我们沿着三个方向去探索刘永好的管理思想：一是管理的终极使命或者任务；二是管理体现在企业事业上的方向或责任；三是管理体现在实务层面的操作原理。这三个方向形成了层层深入又相互依赖的体系。通过分析刘永好的管理实践，我们发现，如果管理是企业的一个器官，刘永好实际上是很好地发挥了这个器官的效能，借助卓有成效的管理实践，刘永好缔造了一个已经有三十多年历史的领先企业，同时，这个活跃的器官还在让新希望有序运行。所以，我们把刘永好的管理已经承载的任务和继续要完成的使命概括为“常”，让一个企业常青，作为管理对于企业的使命和贡献，被首先植入于刘永好的管理思想体系。以此类推，依然是沿着我们的研究轨道，从实践分析入手，逐一展开深入研究和归纳总结，最终，形成了刘永好的管理思想体系。这是刘永好的管理思想，同时，也是一种常青之道。

参考文献
References

[1] 阿吉里斯 C. 个性与组织 [M]. 郭旭力，鲜红霞，译 . 北京：中国人民大学出版社，2007

[2] 埃德莎姆 Y H. 德鲁克的最后忠告 [M]. 吴振阳，倪建明，译 . 北京：机械工业出版社，2008

[3] 巴纳德 C I. 经理人员的职能 [M]. 王永贵，译 . 北京：机械工业出版社，2007

[4] 巴纳德 C I. 组织与管理 [M]. 曾琳，赵菁，译 . 北京：中国人民大学出版社，2009

[5] 彼得斯 T J, 沃特曼 R H. 追求卓越 [M]. 胡玮珊，译 . 北京：中信出版社，2007

[6] 波特 M E. 竞争优势 [M]. 陈小悦，译 . 北京：华夏出版社，2005

[7] 波特 M E. 竞争战略 [M]. 陈小悦，译 . 北京：华夏出版社，2005

[8] 博鳌亚洲论坛官方网站 . FMG 集团 [EB−OL]. [2014−03−18]. http://www.boaoforum.org/hbzszzs/11938.jhtml

[9] 布鲁姆斯伯里出版公司 . 管理大师的忠告 [M]. 马浩，译 . 北京：中信出版社，2005

[10] 陈春花，刘祯 . 案例研究的基本方法——对经典文献的综述

[J]. 管理案例研究与评论，2010，3（2）：175 ～ 182
[11] 陈春花，赵曙明，赵海然 . 领先之道 [M]. 北京：机械工业出版社，2014
[12] 陈春花 . 冬天的作为 [M]. 北京：机械工业出版社，2009
[13] 陈春花 . 管理的常识 [M]. 北京：机械工业出版社，2010
[14] 陈春花 . 激活个体 [M]. 北京：机械工业出版社，2015
[15] 陈春花 . 经营的本质 [M]. 北京：机械工业出版社，2013
[16] 陈春花 . 让心安住 [M]. 北京：机械工业出版社，2013
[17] 陈春花 . 手比头高 [M]. 北京：机械工业出版社，2010
[18] 陈凯茵 . 马云：柳传志的眼光成就了今天的联想 [EB-OL]. [2015-07-07]. http://news.xinhuanet.com/fortune/2015-07/07/c_127995438.htm
[19] 陈赛 . 三联生活周刊：耶鲁人与他们创造的世界 [EB-OL]. [2015-10-19].http://www.lifeweek.com.cn/magazine/lifeweek/2015/905
[20] 崔玲 . 新希望重新定义自己 [EB-OL]. [2015-07-30].http://www.iceo.com.cn/2015audivisit/2015/0730/299660.shtml
[21] 大内 W O. Z 理论 [M]. 朱雁斌，译 . 北京：机械工业出版社，2007
[22] 大前研一 . 专业主义 [M]. 裴立杰，译 . 北京：中信出版社，2010
[23] 德鲁克 P F, 马恰列洛 J A. 德鲁克经典管理案例解析 [M]. 高增安，马永红，等，译 . 北京：机械工业出版社，2010
[24] 德鲁克 P F. 德鲁克管理思想精要 [M]. 李维安，王世权，刘金岩，译 . 北京：机械工业出版社，2007
[25] 德鲁克 P F. 工业人的未来 [M]. 徐向华，张珺，译 . 北京：机械工业出版社，2009
[26] 德鲁克 P F. 经济人的末日 [M]. 洪世民，赵志恒，译 . 上海：上海译文出版社，2015
[27] 德鲁克 P F. 旁观者 [M]. 廖月娟，译 . 北京：机械工业出版社，2005
[28] 德鲁克 P F. 创新与企业家精神 [M]. 蔡文燕，译 . 北京：机械工业出版社，2009
[29] 德鲁克 P F. 管理：使命、任务、实务 [M]. 王永贵，译 . 北京：机械工业出版社，2009
[30] 德鲁克 P F. 管理的实践 [M]. 齐若兰，译. 北京：机械工业出版社，2008
[31] 德鲁克 P F. 卓有成效的管理者 [M]. 许是祥，译 . 北京：机械工业出版社，2009
[32] 邓勇兵，李武 . 新希望集团董事长刘永好：探索混合制家业传承 [J]. 哈佛商业评论（中文版），2013，（9）：88 ～ 95
[33] 迪尔 T E，肯尼迪 A A. 企业文化：企业生活中的礼仪与仪式 [M]. 李原，孙健敏，

译 . 北京：中国人民大学出版社，2008
[34] 第一财经日报 . 刘永好：成功之本，智慧为先 [EB-OL]. [2011-09-05].http://www.yicai.com/news/1063261.html
[35] 费尔普斯 E. 大繁荣：大众创新如何带来国家繁荣 [M]. 余江，译 . 北京：中信出版社，2013
[36] 冯友兰 . 中国哲学简史 [M]. 北京：北京大学出版社，2013
[37] 弗里德曼 T L. 世界是平的 [M]. 何帆，肖莹莹，郝正非，译 . 长沙：湖南科学技术出版社，2008
[38] 福列特 M P. 福列特论管理 [M]. 吴晓波，郭京京，詹也，译 . 北京：机械工业出版社，2007
[39] 高庆玲 . 防风险，保安全：集团风险管理走进基层 [EB-OL]. [2014-11-14].http://www.newhopegroup.com/NewsDetails.aspx?id=47338
[40] 格里格 R J，津巴多 P G. 心理学与生活（第 19 版）[M]. 王垒，等，译 . 北京：人民邮电出版社，2014
[41] 巩键 . 新希望：探索“混合制”传承模式 [EB-OL]. [2015-10-15]. http://www.hbrchina.org/2015-10-15/3475.html
[42] 汉迪 C. 空雨衣 [M]. 周旭华，译 . 杭州：浙江人民出版社，2012
[43] 胡忻 . 刘永好：当好农民的“服务员”[J]. 中国品牌，2013，(10)：18 ~ 19
[44] 黄铁鹰 . 海底捞你学不会 [M]. 北京：中信出版社，2015
[45] 江毅 . 新希望集团与华创证券战略重组，加快互联网金融布局 [EB-OL]. [2015-06-12]. http://news.xinhuanet.com/2015-06/12/c_127909164.htm
[46] 蒋玮 . 华商名人堂：从田间地头走向世界级殿堂 [EB-OL]. [2014-04-10]. http://www.hsmrt.com/liuyonghao/455.html
[47] 金 W C，莫博涅 R. 蓝海战略 [M]. 吉宓，译 . 北京：商务印书馆，2005
[48] 阚世华 . 新希望给人以希望即是责任担当 [EB-OL]. [2011-05-04]. http://www.newhopegroup.com/NewsDetails.aspx?id=45967
[49] 柯林斯 J，波勒斯 J I. 基业长青 [M]. 真如，译 . 北京：中信出版社，2009
[50] 柯林斯 J，汉森 M T. 选择卓越 [M]. 陈召强，译 . 北京：中信出版社，2012
[51] 柯林斯 J. 从优秀到卓越 [M]. 俞利军，译 . 北京：中信出版社，2009
[52] 柯林斯 J. 再造卓越 [M]. 蒋旭峰，译 . 北京：中信出版社，2010

[53] 科特勒 P，卡斯林 J A. 混沌时代的管理和营销 [M]. 李健，译 . 北京：华夏出版社，2009

[54] 克雷纳 S. 管理百年 [M]. 闾佳，译 . 北京：中国人民大学出版社，2013

[55] 蓝海林 . 从中国第一到世界第一：中国世界级企业的战略 [M]. 广州：华南理工大学出版社，2012

[56] 李德顺 . 价值论 [M]. 2 版 . 北京：中国人民大学出版社，2007

[57] 李艳玲 . 刘永好：创新是传统企业的唯一出路 [EB–OL]. [2015–11–13]. http://www.newhopegroup.com/NewsDetails.aspx?id=47516

[58] 林语堂 . 人生的盛宴 [M]. 南京：江苏文艺出版社，2009

[59] 刘彦君 . 携手中国电信新希望食品构建"互联网 +"立体战略 [EB–OL]. [2015–05–05]. http://www.sc.chinanews.com/news/2015/0505/0820290297.html

[60] 刘祯，陈春花，徐梅鑫 . 经营、管理与效率：来自管理经典理论的价值贡献 [J]. 管理学报，2012，9（9）：1268 ~ 1276

[61] 刘祯 . 你的企业在管理吗？ [J]. 企业管理，2013，（5）：49 ~ 50

[62] 罗宾斯 S P，库尔特 M. 罗宾斯管理艺术 [M]. 李原，孙健敏，黄小勇，译 . 北京：中国人民大学出版社，2015

[63] 吕思勉 . 中国通史 [M]. 长春：吉林出版集团，2013

[64] 马斯洛 A H. 动机与人格 [M]. 许金声，等，译 . 北京：中国人民大学出版社，2007

[65] 麦格雷戈 D. 企业的人性面 [M]. 韩卉，译 . 北京：中国人民大学出版社，2008

[66] 梅奥 G E. 工业文明的人类问题 [J]. 陆小斌，译 . 北京：电子工业出版社，2013

[67] 梅岳 G E. 工业文明的社会问题 [J]. 费孝通，译 . 北京：群言出版社，2013

[68] 牧口常三郎 . 价值哲学 [M]. 马俊峰，江畅，译 . 北京：中国人民大学出版社，1989

[69] 帕斯卡尔 R T，阿索斯 A G. 日本企业管理艺术 [M]. 张小东，周全，译 . 乌鲁木齐：新疆人民出版社，1988

[70] 契克森米哈赖 M. 生命的心流 [M]. 陈秀娟，译 . 北京：中信出版社，2009

[71] 钱德勒 A D. 麦克劳 T K. 特德洛 R S. 管理的历史与现状 [M]. 郭斌，译 . 大连：东北财经大学出版社，2007

[72] 钱德勒 A D. 战略与结构 [M]. 孟昕，译 . 昆明：云南人民出版社，2002

[73] 乔立清，范敏 ."中澳农业及食品安全百年合作计划"（ASA100）掀起中澳合作新浪 潮 [EB–OL]. [2014–09–18]. http://www.newhopeliuhe.com/D_Investor/News_meiti_

info.aspx?id=4213
[74] 任明杰 . 新希望六和推出多项重大创新 [EB-OL]. [2015-04-23]. http://www.cs.com.cn/ssgs/gsxw/201504/t20150423_4695482.html
[75] 沙因 E H. 沙因组织心理学 [M]. 马红宇，王斌，译 . 北京：中国人民大学出版社，2009
[76] 沙因 E H. 组织文化与领导力 [M]. 马红宇，王斌，等，译 . 北京：中国人民大学出版社，2011
[77] 申欣旺 . 新希望集团拟群体接班，刘畅自我定位职业经理人 [EB-OL]. [2012-06-19]. http://www.chinanews.com/cj/2012/06-19/3974384.shtml
[78] 时圣宇 . 人民日报感言：养猪要使用大数据 [EB-OL]. [2013-05-15]. http://opinion.people.com.cn/n/2013/0515/c1003-21486222.html
[79] 史密斯 K，希特 M. 管理学中的伟大思想：经典理论的开发过程 [M]. 徐飞，路琳，译 . 北京：北京大学出版社，2010
[80] 斯科特 W R，戴维斯 G F. 组织理论：理性、自然与开放系统的视角 [M]. 高俊山，译 . 北京：中国人民大学出版社，2011
[81] 斯密 A. 国富论 [M]. 谢祖钧，译 . 北京：新世界出版社，2007
[82] 四川新希望农业股份有限公司 . 新希望：2008 年度社会责任报告 [EB-OL]. [2009-04-25].http://app.finance.ifeng.com/data/stock/ggzw.php?id=13517869&symbol=000876
[83] 苏东水 . 东方管理学 [M]. 上海：复旦大学出版社，2005
[84] 苏东水 . 论东西方管理的融合与创新 [J]. 学术研究，2002，(5)：39 ~ 45
[85] 苏勇，于保平 . 东方管理研究：理论回顾与发展方向 [J]. 管理学报，2009，6(12)：1578 ~ 1587
[86] 泰勒 F W. 科学管理原理 [M]. 马风才，译 . 北京：机械工业出版社，2009
[87] 特劳特 J. 什么是战略 [M]. 火华强，译 . 北京：机械工业出版社，2011
[88] 王石 . 道路与梦想 [M]. 北京：中信出版社，2006
[89] 韦尔奇 J，韦尔奇 S. 赢 [M]. 余江，玉书，译 . 北京：中信出版社，2005
[90] 吴晓波 . 激荡三十年：中国企业 1978 ~ 2008 [M]. 北京：中信出版社，2014
[91] 西蒙 H A. 管理行为 [M]. 詹正茂，译 . 北京：机械工业出版社，2007
[92] 新华财经 . 刘永好：突破传统产业瓶颈，我们在做三件事 [EB-OL]. [2015-09-10]. http://news.xinhuanet.com/fortune/2015-09/10/c_128216981.htm

[93] 新浪财经 . 对话刘永好：猪都能上天，养猪的在干啥？ [EB-OL]. [2014-12-19]. http://finance.sina.com.cn/roll/20141219/214221121881.shtml

[94] 新浪财经 . 王航：农产业从散户时代进入农场时代 [EB-OL]. [2015-10-22]. http://finance.sina.com.cn/hy/20151022/104323544203.shtml

[95] 新浪财经 . 我看中国经济之刘永好 [EB-OL]. [2014-12-22].http://finance.sina.com.cn/focus/ourtimes_lyh

[96] 新希望集团办公室 .《中澳企业间农业与食品安全百年合作计划谅解备忘录》正式签署 [EB-OL]. [2014-11-18].http://www.newhopegroup.com/NewsDetails.aspx?id=47345

[97] 新希望集团办公室 . 刘永好：我们所经历的 33 年 [EB-OL]. [2015-06-13]. http://www.newhopegroup.com/NewsDetails.aspx?id=47453

[98] 新希望集团办公室 . 刘永好：我为四川和新希望点赞！ [EB-OL]. [2015-10-15]. http://www.newhopegroup.com/NewsDetails.aspx?id=47505

[99] 新希望集团办公室 . 新希望集团携手创业者共谋“互联网＋”转型升级 [EB-OL]. [2015-10-14]. http://www.newhopegroup.com/NewsDetails.aspx?id=47503

[100] 徐海静 . 中国与澳大利亚正式签署自由贸易协定 [EB-OL]. [2015-06-17]. http://news.xinhuanet.com/world/2015-06/17/c_1115644007.htm

[101] 薛芳，寿立群 . 刘永好的常青法则 [EB-OL]. [2010-05-29].http://news.163.com/10/0529/11/67RLME4H00011SM9.html

[102] 杨成万 . 在线养猪还不够，新希望挺进医疗管理行业 [EB-OL]. [2015-05-22]. http://www.jrtzb.com.cn/text.asp?i=89210

[103] 袁贵仁 . 价值观的理论与实践：价值观若干问题的思考 [M]. 北京：北京师范大学出版社，2006

[104] 赵曙明，裴宇晶 . 企业文化研究脉络梳理与趋势展望 [J]. 外国经济与管理，2011，31（10）：1 ~ 8；16

[105] 赵曙明，邱恒明 . 赵曙明：我的人生感悟与管理观 [M]. 北京：机械工业出版社，2012

[106] 赵曙明 . 管理学的奠基之作 [J]. 当代经理人，2006，（2）：120 ~ 121

[107] 中国企业家网 . 刘永好语录：基业长青要坚持“快半步”[EB-OL]. [2011-08-09]. http://www.iceo.com.cn/renwu/27/2011/0809/226646.shtml

[108] 中国总经理网 . 对话 CEO：新希望集团董事长刘永好访谈 [EB-OL]. [2004-04-09].

http://www.cnceo.com/webcontent/cnceo/person/fangtan/20050202/360520050202150108.shtml
[109] 周桦 . 藏锋 [M]. 北京：北京大学出版社，2011
[110] 紫灵，黄永文，周成海，魏薇 . 普惠蓄势，联网共舞——新希望六和农村金融服务开启互联互通新时代 [EB-OL]. [2015-02-03]. http://www.newhopeagri.com/D_Investor/News_meiti_info.aspx?id=4536
[111] 紫灵，许毅，梁海霞 . 希望创云，福达万家：新希望六和引领行业创新转型之“云养殖”与“云教育”[EB-OL]. [2015-04-27]. http://www.newhopeliuhe.com/News_kuaidi_info.aspx?id=4667
[112] Barney J B. Firm Resources and Sustained Competitive Advantage [J]. Journal of Management, 1991, 17(1): 99-120
[113] Barney J B. Organizational Culture: Can It be a Source of Sustained Competitive Advantage [J]. Academy of Management Review, 1986, 11(3): 656-665
[114] Bryan J F, Locke E A. Goal Setting as a Means of Increasing Motivation [J]. Journal of Applied Psychology, 1967, 51(3): 274-277
[115] Drucker P F. Theory of the Business [J]. Harvard Business Review, 1994, 72(5): 95-104
[116] Gilbert D T. The Science behind the Smile [J]. Harvard Business Review, 2012, 90(1/2): 85-90
[117] Herzberg F. One More Time: How Do You Motivate Employees? [J]. Harvard Business Review, 1968，46(1): 53-62
[118] Koontz H. The Management Theory Jungle [J]. The Journal of the Academy of Management, 1961, 4(3): 174-188
[119] Koontz H. The Management Theory Jungle Revisited [J]. The Academy of Management Review, 1980, 5(2): 175-187
[120] Kotler P,Levy S J. Brodening the Concept of Marketing[J]. Journal the Marketing, 1969, 33(1): 10-15
[121] Lgnatius A. Be Happy, Be Audacious [J]. Harvard Business Review, 2012, 90(1/2): 14
[122] Lgnatius A. The Happiness Factor [J]. Harvard Business Review, 2012, 90(1/2): 77
[123] Locke E A, Shaw K N, Saari L M, Latham G P. Goal Setting and Task Performance: 1969-1980[J]. Psychological Bulletin, 1981, 90(1): 125-152
[124] Michael P E. What is Strategy? [J]. Harvard Business Review, 1996, 74(6): 61-74

[125] Prahalad C K, Hamel G. The Core Competence of the Corporation [J]. Harvard Business Review, 1990, 68(3): 79−71

[126] Stearns P N. The History of Happiness [J]. Harvard Business Review, 2012, 90(1/2): 104−109